서울대 합격생
100인의
노트 정리법

이 책은 좌절하지 않고 자신만의 공부법을 터득해간 선배들의 발자취다. 성적이 낮고 공부하는 방법을 잘 모르더라도, 여건이 닿지 않아 주변에 직접 보고 배울 만한 친구나 선배가 없더라도 공부를 열심히 해야겠다는 뜻만 품고 있다면 누구든지 따라 해볼 수 있도록 집필되었다. 서울대 합격생 100명의 공부 흔적이 담긴 노트를 200여 권 수집해 그들이 어떻게 공부했는지 직접 인터뷰하며 공통적인 생각이 무엇인지, 또 공부 습관은 어떠했는지 이 책에서 가감 없이 공개했다.

서울대
합격생
100인의
노트
정리법

양현, 김영조, 최우정 공저

다산
에듀

지금보다 더 성적을 올리고 싶은 친구들에게 강력 추천합니다!

서울대 합격생들의 노트 정리에 대한 최초 고백… 수험생 여러분에게 도움이 되길 바라며

노트 정리는 공부한 내용을 확인할 때 가장 편하고 효과가 좋은 방식이라고 생각합니다. 자기만의 언어로 정리하는 과정에서 학습 내용을 확실히 이해할 수 있고, 복습할 때에도 효과적으로 요점을 되새길 수 있기 때문입니다. 저는 고등학교 때 공부하면서 노트 정리를 꾸준히 했고 그 결과 좋은 성적을 얻어 서울대학교에 진학했습니다.

노트를 정리하는 방법은 사람마다 다양할 것입니다. 그중 자신에게 맞는 노트 정리법을 찾는 것이 중요한데, 서로 실력이 비슷한 친구들의 노트 정리를 보는 것만으로는 실력을 향상시키기 어렵습니다. 이 책은 서울대 동문들이 노트 정리를 했던 자신만의 방법을 진솔하게 털어놓은 결과물입니다. 노트 정리를 통해 실력을 쌓고 서울대에 합격한 동문들의 좋은 예들을 보면서 자신에게 맞는 정리법을 찾길 바랍니다. 또 이 책이 여러분의 공부에 도움이 되어 자신의 목표를 이루는 데 도움이 되었으면 좋겠습니다. 수험생 여러분, 파이팅입니다!

유상현 (서울대학교 의학과 08학번)

노트 정리는 공부의 기본, 서울대 합격생들의 노트를 보며 시작하세요

노트 정리는 공부의 가장 기본적인 단계인 동시에 가장 중요한 단계라고 생각합니다. 어떻게 정리하는지에 따라 정말 도움이 될 수도 있고, 시간 낭비가 될 수도 있기 때문입니다. 노트 정리를 하다 보면 '지금 내가 하고 있는 정리가 맞는 것일까?' '혹시 시간 낭비는 아닐까?' 하는 고민이 들기 마련입니다. 저의 경우, 주변에 노트 정리에 대해 물어볼 만한 아는 언니나 오빠도 없고 친한 선배도 없어서, 사소하지만 중요한 부분을 질문하고 참고할 만한 사례를 찾기가 힘들었습니다. 이러한 점에서 서울대 학우들의 노트 정리법을 분석한 이 책이야말로 후배 수험생들에게 진짜 도움이 될 것이라고 생각합니다. 응원할게요.

이 슬 (서울대학교 정치외교학부 09학번)

서울대 합격생들의 노트 정리 습관과 사례에서 자신만의 공부법을 찾는다면

노트 정리는 자기 자신의 공부를 위한 것이지 다른 사람을 위한 것이 아닙니다. 공부의 본질은 자기 자신에게 설명하는 것입니다. 그렇기 때문에 지나치게 화려하거나 예쁘게 꾸밀 필요는 없지만, 되도록이면 다른 사람이 보아도 잘 알 수 있도록 정리해야 합니다. 다른 사람이 보아도 내용을 알 수 있다면, 그것을 정리한 자신은 더 잘 알고 있는 것이 되기 때문입니다.

이 책을 통해서 여러분 자신만의 방법을 찾으셨으면 합니다. 여기에서 소개하는 서울대 합격생들의 공통 습관과 노트 정리의 다양한 사례들은 공부하는 방법을 찾으려는 후배들에게 올바른 길을 알려줄 것입니다. 이들의 노트를 참고해서 자신에게 맞는 방법을 찾고 원하는 성과를 얻으시길 빕니다.

서울대학교에 입학한 후 동기들과 공부에 대해 이야기해보면, 공부라는 것은 결국 하나의 길밖에 없다는 것을 많이 느낍니다. 그 길은 바로 자신이 공부하는 이유를 스스로 알고, 포기하지 않고 끝까지 노력하는 길입니다. 이 책을 읽는 많은 후배들도 끝없는 노력을 통해 자신의 목표를 성취하며, 또한 그 노력이 다른 사람들의 행복으로 이어지기를 소망합니다.

박준영 (서울대학교 재료공학부 06학번)

머리가 아닌 노트가 공부한다

공부를 하면서 가끔 이런 생각이 들 것이다. 내가 지금 잘하고 있는 걸까?

하루 종일 책상에 앉아 교과서와 문제집을 들여다보고, 일주일이면 연습장 한 권을 다 쓰기도 한다. 분명 내가 할 수 있는 모든 것을 하고 있는데 왜 성적은 그대로일까? 왜 나에게 수학은, 국사는, 과학은, 국어는, 영어는 여전히 먼 거리에 있는 것일까?

이런 시점이 오면 자신의 공부법을 스스로 확인해봐야 한다. 내가 제대로 하고 있는지, 내 실력은 어디까지 왔는지, 더 잘하기 위해서는 무엇부터 해야 하는지 자신의 공부 계획과 방법을 점검해야 하는 것이다. 그런데 눈에 보이지 않는 공부법을 어떻게 확인할 수 있을까?

우리는 이런 물음을 해결하기 위해 노력했고 그 과정에서 찾은 것이 노트였다. 노트는 과거의 공부 흔적을 고스란히 담고 있으며, 앞으로의 공부 방향 또한 제시해준다. 말하자면 공부의 역사이자 계획표와 같다. 우리는 배운 것을 노트에 기록하고, 반복을 통해 학습하며, 정리하여 남겨놓는다. 공부의 역사는 노트를 통해 일관되게 유지된다. 노트는 수험생에게 종이 이상의 생명력을 갖는 매개체인 것이다.

많은 사람들이 공부하는 방법으로써 노트에 대해 말한다. 그렇다. 노트는 공부하는 방법의 한 가지다. 그런데 노트를 어떻게 활용해야 할까? 노트에도 좋은 노트와 그렇지 못한 노트가 있다. 나에게 맞는 노트와 좋긴 하지만 나에게는 맞지 않는 노트가 있다. 이것을 어떻게 가려낼 수 있을까? 나에게 맞는 노트를 어떻게 찾을 수 있을까? 우리는 호기심을 갖고 서울대 합격생들의 공부 흔적인 노트를 모아보기 시작했다. 그리고 그 노트들 속에서 답을 찾고자 했다.

무려 100명이 넘는 서울대 합격생들이 학창 시절 정리한 자신들의 노트를 흔쾌히 제공해주었고 노트를 모으는 과정에서 수많은 서울대 합격생들을 만나고 이야기를 나눴다. 우리 3인 역시 서울대 합격생으로서 스스로의 학창 시절을 곰곰이 되돌아보았다.

정답이란 있을 수 없지만 한 가지 확실하게 말할 수 있는 것은 자신에게 맞는 노트는 공부에 더할 나위 없이 중요한 요소라는 것이다. 자신을 위한, 자신에 의한, 그리고 자신에게 맞는 방법으로 공부하는 것, 그 중심에 노트가 있다. 대부분의 학생들이 오로지 성적을 올려야겠다는 생각에 자신이 어떻게 생각하고 어떻게 공부할 때 효과적인지 스스로를 찬찬히 들여다보지 못한다. 다른 사람들이 추천하는 공부법을 맹목적으로 따라 하기도 한다. 공부법은 사람마다 다를 수 있다. 좋은 방법으로 알려져 있지만 자신에게 맞지 않는 공부법일 수도 있다. 그러나 많은 공부법들 중에서 자신에게 적합한 방법이 무엇일지 일일이 다 해볼 수도 없고, 누구에게 알려달라고 할 수도 없다. 하지만 방법은 있다. 성공적으로 수험 생활을 보낸 학생들이 공통적으로 했던 방법을 우선적으로 시도해보는 것이다. 그런 의미에서 서울대 합격생들의 노트를 보는 것은 자신만의 공부법을 찾고자 하는 후배들에게 소중한 경험이 되어줄 것이다. 노트를 통해 서울대 합격생들의 공부법을 추적할 수 있기 때문이다. 서울대 합격생들이 어떻게 공부했는지를, 나아가 그들이 왜 그렇게 하게 되었는지를 이해하는 것이다. 그들이 가졌던 동기나 마음가짐을 먼저 파악하고 그들의 방법을 따라 해보면서 조금씩 자신에게 맞는 방법으로 바꿔나갈 때 스스로에게 가장 잘 맞는 공부법을 발견할 수 있다.

이 책에는 서울대 합격생들이 노트 정리하면서 가졌던 사고방식과 노하우가 제시되어 있다. 그들의 공부법을 분석한 이 책이 자신만의 공부법을 결국 체득해내는 데 도움이 되었으면 한다.

어떤 일을 하든 지금보다 더 잘할 수 있는 방법을 찾아 고민하고 개선해나가려는 노력이 가장 중요하다. 인생에서 가장 중요한 시기인 학창 시절에 이러한 고민과 노력은 끊임없이 이루어져야 한다. 무엇보다도 열정과 끈기가 중요하다. 이 책을 통해 입시 경쟁의 힘든 시기를 이겨내고 마침내 서울대 합격생이 되기까지 수험 생활 선배들의 열정과 끈기를 후배들이 느낄 수 있었으면 좋겠다. 조금 더 나아지기 위해 항상 고민하고 노력하는 아름다운 자세를 가진 후배 여러분의 앞날에 영광이 있으리라 기대한다.

양 현, 김영조, 최우정

Contents
목차

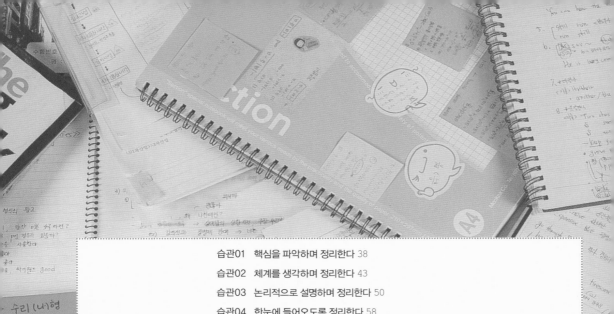

우리나라 중·고등학생들의 가장 큰 고민, 공부!!!

잘하고 싶은 마음은 굴뚝 같지만, 말처럼 쉽지만은 않은데….

공부, 어떻게 하면 잘할 수 있을까?

진짜 공부 잘하는 법?
노트 정리로 시작하자

등급을 올리기 위한 반짝 공부가 아닌 진짜 실력을 키워온 공부 고수,
서울대 합격생들의 공부 비법을 찾아본다.

노트 정리로 시작하는 진짜 공부

01 공부 고수가 되는 길을 찾아서

02 노트 정리 3인 난상 토론_나만의 공부법과 나만의 노트 정리법을 찾아서

01

공부 고수가 되는 길을 찾아서

모든 학생의 공통 목표는 공부를 잘하는 것

공부를 하는 모든 학생들의 공통적인 목표는 성적을 올리는 것이다. 지금보다 더 공부를 잘하기 위해 학원을 가고, 인터넷 강의를 듣고, 참고서를 보고, 명문대 합격생들의 수기나 공부법과 관련된 책을 읽는다. 그래도 공부를 잘하기란 쉽지 않다. 몇몇은 의지 또는 의욕 부족이 원인일 것이다. 다른 계획과 마찬가지로 공부 역시 계획대로 꾸준히 실천하는 것이 쉽지 않기 때문이다. 의지와 의욕이 충만하고 계획을 꾸준히 실천하더라도 공부를 하는 효과적인 방법을 모른다면 원하는 성과를 얻기 어렵다. 공부는 두뇌 활동이기 때문에 어떤 생각을 갖고 어떤 방식으로 하느냐에 따라 그 성과는 엄청나게 차이가 날 수 있다. 공부를 하려는 의욕과 효과적이고 구체적인 방법이 어우러질 때 비로소 실력과 성적을 향상시킬 수 있다. 그렇다면 어떻게 공부하는 것이 효과적일까?

공부 고수들의 방식 따라 하기

먼저 어떤 일을 잘하게 되는 과정에 대해 생각해보자. 이 과정에는 크게 두 가지가 있다. 선천적인 감각을 바탕으로 잘하게 되는 과정과 의식적인 노력을 통해 잘하게 되는 과정이다. 선천적인 감각을 타고난 경우, 스스로 관심을 갖고 훈련을 하면 본능적으로 금방 효과적인 방법을 깨치고 곧 성과를 낼 수 있다. 하지만 이런 예는 그리 많지 않다. 대부분 처음에는 잘하지 못했다가 의식적으로 노력을 꾸준히 함으로써 잘하게 된다. 더 잘하기 위해서 의도적으로 더 좋은 방법을 터득하려고 노력했기 때문이다. 그렇다면 좋은

11

방법은 어떻게 배울 수 있을까? 가장 효과적인 방법은 바로 그 분야 고수들의 방법을 따라 하는 것이다. 고수란 등산으로 비유하면 정상에 도달한 사람이다. 이미 정상에 오른 사람의 발자국을 그대로 따라가면 고수처럼 정상에 오를 수 있다. 고수들이 걸어간 길은 이미 검증된 것이며, 빠르고 효과적으로 정상에 오를 수 있는 방법이다. 어떤 분야에서든 고수는 평범한 사람과 다른 점이 있다. 특수한 도구나 독특한 방식을 사용할 수도 있고, 다른 많은 사람의 도움을 받았을 수도, 반대로 남다른 생각으로 그 일을 하는 것일 수도 있다. 무엇이 고수를 고수로 만들어주었는지 한눈에 알기 어렵다. 그렇기 때문에 고수들의 방식을 면밀히 살펴보는 것이 필요하다.

하지만 관찰하는 것만으로는 부족하다. 자세히 관찰하더라도 비결이 쉽게 파악되지 않을 수 있고, 또 관찰만으로는 아무것도 변하지 않기 때문이다. 고수들의 방식을 관찰하면서 실제로 그 방식을 직접 따라 해봐야 한다. 그렇게 스스로 모방해보며 자신에게 맞는 것은 완전히 터득하여 잘 활용하고, 잘 안 맞는 것은 자신에게 맞는 방식으로 변형해 자신만의 스타일을 구축할 때 비로소 고수가 될 수 있다.

고수들을 뛰어넘는 나만의 스타일 만들기

테니스를 잘 치기 위해서는 선수로서 자질을 갖추는 것도 필요하지만, 훌륭한 코치를 만나 훈련하는 과정이 더욱 중요하다. 코치는 대부분 테니스 스윙의 기본 자세를 설명해줄 때 말로 설명하는 것만으로는 부족하기 때문에 몸소 시범을 보여준다. 그러면 배우는 사람은 코치의 설명과 시범을 유심히 듣고 보면서 자신도 몸을 움직여 스윙을 따라 해본다. 주의할 점은 처음 테니스를 배우는 걸음마 단계에서는 다른 생각을 갖지 말고 꼭 정석대로 스윙을 해야 한다는 것이다. 초보 수준에서 더 잘 쳐보겠다는 의욕이 앞서 자기 방식대로 휘두르다 보면 기본을 연마하지 못한 채 잘못된 습관이 들 수도 있다. 그리고 나중에는 잘못된 습관을 고치지 못해 실력 향상에 어려움을 겪게 된다. 따라서 배우는 단계에서는 반드시 코치가 가르쳐준 그대로 연습해야 한다. 즉 코치의 스윙을 그대로 모방하는 것이다. 그리고 그것이 어느 정도 몸에 익은 후에는 잦은 연습과 경기를 통해 스스로 자신만의 스타일을 조금씩 확립해나가야 한다. 그러다 보면 궁극적으로 자기만의 스타일이 분명한 훌륭

고수가 되는 3단계

Step01. **관찰**
고수들의 방식을 유심히 살펴본다.

Step02. **모방**
고수들의 정석적인 방식을 따라 하며 충분히 연습한다.

Step03. **최적화**
많은 실전 경험을 통해 자신에게 가장 적합한 자신만의 스타일을 구축한다.

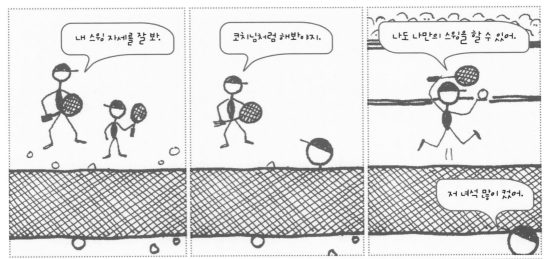

좋은 테니스 선수가 되기 위해서는 먼저 우수한 선수나 코치 등 다른 고수들의 좋은 점을 본받아 꾸준히 연습한 후, 많은 경기를 통해 자신만의 스타일을 만들어야 한다. 공부하는 방법을 배우는 과정도 이와 같다.

한 테니스 선수가 될 수 있다.

물론 이 과정이 쉽지 않다. 많은 사람들이 이때 중수 정도의 실력을 쌓는 데 그치고 만다. 초반의 고되고 지루한 정석적인 연습을 이겨내지 못해 안 좋은 습관이 배었을 수도 있고, 좋은 자질과 자세를 갖추었지만 실제 경기를 통해 경험을 충분히 쌓지 못했을 수도 있다. 또는 경험은 많지만 최적화된 자신만의 스타일을 구축하지 못하고 정석적인 플레이만 반복했기 때문일 수도 있다. 어떤 일을 잘하는 고수가 되기 위해서는 이 과정에서 반드시 3가지 단계를 밟아나가야 한다. 바로 관찰, 모방, 최적화라는 단계다.

노트 정리, 공부 고수가 되기 위해 반드시 해야 할 일

고수가 되기 위한 단계는 공부에도 동일하게 적용된다. 그런데 테니스와 조금 다른 점이 있다. 공부는 전적으로 두뇌 활동이라는 점이다. 테니스는 눈으로 보고 몸을 움직이지만, 공부는 눈에 보이지 않는 머릿속에서 일어나는 움직임이다. 공부는 테니스처럼 고수들의 모습만을 보고 배우기가 쉽지 않다. 공부를 잘하는 사람도 자신이 왜 잘하는지, 어떻게 하기 때문에 잘하는 것인지 모르는 경우가 많다. 공부는 테니스 같은 운동보다 훨씬 더 막연하고 추상적인 동시에 복잡한 과정이기 때문이다. 그렇다면 공부 고수들의 공부법은 어떻게 해야 배울 수 있을까?

공부 고수들이 노트를 정리하는 까닭

공부 고수들이 어떻게 공부하는지 그들의 머릿속에서 일어나는 과정을 우리가 직접 들여다볼 수는 없다. 그러나 그들이 남긴 머릿속 활동의 흔적들을 볼 수 있는 방법이 있다. 공부 고수들이 공부하면서 작성했던 노트를 보는 것이다. 노트 정리를 하는 데는 크게 세 가지 목적이 있다.

<table>
<tr><td colspan="2" align="right">**노트 정리의 목적**</td></tr>
<tr><td colspan="2">01. **기록과 복습**
중요한 내용을 적어놓고 이를 되새기며 공부할 수 있다.</td></tr>
<tr><td colspan="2">02. **암기**
스스로 내용을 정리했기 때문에 오랫동안 기억할 수 있다.</td></tr>
<tr><td colspan="2">03. **지식의 시각화 및 체계화**
머릿속 지식을 노트에 시각화하면서 지식의 체계화가 이루어진다.</td></tr>
</table>

첫 번째는 수업을 받으며 필기했거나 교과서와 참고서로 공부했던 내용 중에서 중요한 것을 골라 다시 한 번 정리하기 위해서다. 선생님의 수업을 들으며 틈틈이 적었던 것을 노트에 다시 정리하면 내용을 되새기고 복습하는 데 도움이 된다.

두 번째는 중요한 지식을 기억하고 암기하기 위해서다. 수업이 끝나거나 책을 덮은 후 공부했던 내용을 곧바로 노트에 정리하면, 쓰는 과정에서 암기가 된다. 스스로 정리해봤기 때문에 새로운 책으로 공부하는 것보다 훨씬 빠르게 기억이 되살아날 수 있다.

세 번째는 머릿속에 있는 지식을 체계적으로 정리하기 위해서다. 노트 정리를 하면 자신이 머릿속으로 이해하고 있는 지식을 시각화하면서 정립하는 데 도움이 된다.

노트 정리법을 배워야 하는 이유

많은 사람들이 노트 정리를 단순히 공부한 내용을 정리해두는 '기록'에 의미를 둔다. 그러나 노트 정리의 의미는 단지 기록의 결과물이라는 데만 있지 않다. 노트에 기록된 내용은 그것을 정리한 사람의 머릿속에서 일어나는 사고활동이 눈으로 보이는 결과물로 나타난 것이다. 따라서 공부 고수들의 노트들을 살펴보면 고수들이 머릿속 사고활동을 어떻게 전개하며 공부하는지 파악할 수 있다. 훌륭한 코치를 보고 배워야 훌륭한 선수가 될 수 있듯이 공부도 진정한 공부 고수들의 노트를 면밀히 관찰해야 더 많이 성장할 수 있다.

❶ 고수의 노트 관찰하기

고수들의 노트 정리를 관찰해
방식과 생각으로 공부하는지
한다.

관찰을 하는 중에는 고수들이 어떤 효과적인 방법을 사용하고 있는지 파악하려고 노력하는 동시에 자신이 어느 고수의 방법을 모방해볼 것인지 결정을 해야 한다. 테니스에서 정석적인 스윙 자세를 배우는 단계와 같다. 그렇다면 정석적인 스윙 자세란 무엇일까? 이는 많은 고수들이 스윙할 때 보이는 공통적인 자세이며 효과적인 스윙 방법이다. 공부에도 어느 정도의 정석적인 공부법이 존재한다고 볼 수 있다. 공부 고수들이 노트를 정리할 때도 공통적인 방식이나 습관이 있다. 이것을 관찰하고 분석해서 찾아내야 한다.

❷ 좋은 습관 모방하기

고수들의 효과적인 노트 정리
모방해보며 몸에 익힌다.

공부 고수들의 공통적인 노트 정리 방식과 습관을 알고 나서 실제로 노트 정리를 할 때 직접 도입하고 모방하며 좋은 습관을 몸에 익히는 단계다. 이 습관들을 따라 해보면 생각 또한 고수처럼 할 수 있다.

❸ 내 스타일에 최적화시키기

들의 좋은 습관을 모방하는 동
자신에게 최적화된 스타일을
한다.

공부 고수들의 노트 정리법을 따라 하다 보면 느껴지는 바가 많을 것이다. 일반적으로는 좋은 방법이지만 누구에게나 잘 맞는 것은 아니다. '정말로 좋고 효과적'이라고 생각되는 방법이 있기도 한 반면에, '이건 나한테 별로 안 맞는 것 같다'고 느껴지는 방법도 있다. 따라서 자신에게 잘 맞는 방법은 최대한 몸에 익혀 활용하고, 잘 맞지 않다면 자신에게 맞도록 변형해보거나 다른 방식을 다시 탐색해보며 자신의 스타일에 맞게 최적화해 나가야 한다. 공부를 잘하는 방법을 간단히 말하면 본보기가 되는 사례를 많이 관찰하고, 습관을 실제로 따라 해보며, 마지막으로 자신에게 최적화된 스타일을 구축하는 것이다.

노트 정리로 시작하는 진짜 공부

노트 정리 3인 난상 토론

02

나만의 공부법과
나만의 노트 정리법을 찾아서

수많은 공부법 중에서 공부 고수들은 어떠한 방법으로 공부했는지 알아내기 위해 먼저 서울대 합격생이 된 우리 스스로를 돌아보기로 했다. 그리고 우리 3인은 학창 시절 모두 노트 정리를 했다는 공통점을 발견할 수 있었다.

우리는 왜 노트를 정리하며 공부했는지, 또 정리하면서 각자 어떤 생각을 했는지 이야기를 나눠봤다.

양 현(서울대학교 재료공학부 05학번)
● 수학 오답만 정리함
● 손으로 많이 써서 정리하는 것을 번거로워함
● 노트 정리를 통해 실수를 줄이고 새로운 풀이법을 탐구함으로써 실력을 도약시킴

최우정(서울대학교 디자인학부 08학번)
● 큰 틀과 흐름 위주로 정리한 뒤 세부 내용을 추가함
● 최대한 한쪽 면에 요약하고 예쁘게 정리함
● 노트 정리를 통해 큰 흐름이 잡히고 이해하게 되어 성적이 향상됨

김영조(서울대학교 심리학과 07학번)
● 체계적으로 내용을 이해하기 위해 공부할 때마다 노트를 정리함
● 암기 과목은 거의 전 범위에서 정리하려고 노력함
● 노트 정리를 통해 학창 시절 내내 좋은 성적을 꾸준히 유지함

나는 공부할 때 노트 정리를 많이 하는 편이었어. 시험 대비용으로 사회나 과학을 정리했고, 평소에는 암기용 과목 노트를 만들었어. 교과서와 참고서를 읽고 노트에 내용을 정리해가면서 주로 공부했어. 그러면 쓰는 과정에서 암기가 되기 때문에 나는 노트 정리가 공부에 큰 도움이 되었어.

나도 처음에는 배운 것을 노트에 적어가면서 정리하는 식으로 공부했어. 그러면 암기가 될 것이라고 생각했는데, 그다지 효과는 없었지. 중요한 내용을 적고 있긴 했지만 그냥 글자를 쓰고 있을 뿐이지 자동으로 외워진다거나 더 오래 기억에 남지는 않았거든. 그래서 이걸 계속해야 하나 말아야 하나 고민을 많이 했었어.

나도 노트 정리를 하면서 처음에는 힘들었어. 나는 A4 용지에 내용의 흐름을 요약하는 식으로 정리했는데 대부분의 여자애들처럼 예쁘고, 보기 좋게 만들고 싶은 욕구가 컸거든. 여러 색깔로 예쁘게 정리한 친구의 노트를 보면 더욱 그런 마음이 들었지. 그래서 예쁘게 만드는 데 신경을 많이 쓰다 보니 시간도 꽤 걸리고 힘들었어. 하지만 예쁘게 만들지 않으면 나중에 애정이 별로 생기지 않아서 잘 안 보게 되고, 정리할 때도 별로 재미가 없더라고. 자신이 재미있게 공부할 수 있고 나중에 다시 볼 때도 기분이 좋을 수 있다면, 나는 노트를 예

쁘게 만드는 것도 공부에 도움이 된다고 생각해. 물론 너무 예쁘게 꾸미는 데만 집중해서는 안 되겠지만.

예쁘게 만들고 싶은 마음을 자제하는 건 생각만큼 쉬운 일이 아니야. 아마 노트 정리를 해본 친구들은 그 마음을 잘 알 거야. 나역시도 노트에 쓰면서 공부하는 게 특별히 잘 외워졌던 건 아니었어. 하지만 교과서에 긴 글로 설명되어 있던 내용을 내가 직접 짧게 노트에 정리해가면서 공부하면 그렇게 하지 않을 때보다 훨씬 집중이 잘되고 암기도 잘됐던 것 같아.

솔직히 노트 정리는 힘들지만, 내가 직접 요약하고 정리하는 공부는 그냥 눈으로 읽기만 하는 공부와는 확실히 달라. 정리하면서 내용을 체계적으로 받아들일 수 있거든. 노트 정리를 하면 내용이 명확히 이해되니까 비슷해서 헷갈렸던 개념도 잘 구분이 돼. 수업을 듣거나 참고서로 공부할 때 왠지 내가 기계적으로 혹은 수동적으로 공부하는 게 아닌가 싶었는데 직접 노트 정리를 한 후부터는 수업이나 자습 시간에 좀더 적극적으로 임하고 집중하면서 능동적인 공부를 할 수 있었어.

노트 정리를 하겠다고 마음먹고 나서 수업을 듣거나 교과서를 보면 평소보다 더 집중이 잘된다는 건 정말 맞는 얘기야. 뭔가 적

어야 된다는 생각을 하면 뭘 골라서 적어야 할까 고민하면서 내용을 더 자세히 보게 되거든. 마치 공연을 보러 갔는데 끝나고 감상문을 써서 내야 한다고 하면 더 주의 깊게 공연을 보게 되는 것처럼 말이야. 그런데 혹시 이런 경험은 없어? 이왕 정리할 것 완벽하게 하고 싶어서 했다가 정리할 게 너무 많아졌던 경험 말이야. 난 어느 날 갑자기 '아! 오늘부터 과학을 싹 정리해야겠다!'는 생각이 들었어. 그래서 그날 바로 새 노트를 사서 노트 정리를 시작했던 적이 있어. 그런데 내용을 처음부터 완벽히 정리하려다 보니 다음 날엔 벌써 지쳐서 손을 놓고 말았지. 아직도 우리 집 책장에는 앞부분만 쓰다만 노트들이 쭉 전시되어 있어. 그냥 갖다버리기 아까워서 지금껏 보관하고 있지.

나는 시험 문제가 혹시 정리하지 않은 부분에서 출제될까봐 사소한 내용까지 모두 정리했어. 가끔 예전에 썼던 노트를 다시 펼쳐보면 뭐 이런 것까지 정리했나 싶을 정도로 세세한 것도 많더라고.

너무 많은 내용들을 한번에 정리하겠다고 마음먹으면 그 분량을 다 해야 한다는 생각에 필기하는 것에만 급급해져. 결국 손만 바쁘게 움직인 손 운동이 되어버리지. 그럴 바엔 차라리 참고서를 보는 것이 낫다고 생각해. 왜냐하면 그렇게 정리한 노트는 참고서를 복사한 것밖에 의미가 없으니까 말이야.

그게 참 쉽지 않은 것 같아. 노트 정리를 하면서도 정리 자체에 얽매이지 않고 머릿속에 넣어야 하니까 말이야. 그래서 나는 형식은 내버려두고, 쓰면서 머릿속에 정리되는 효과만을 생각했어. 그리고 꼭 손으로 정리해야 할 필요가 있는 내용만 정리했지. 예를 들면 수학 오답 같은 것 말이야. 수학은 어차피 시험 볼 때도 손으로 쓰면서 푸니까 그 과정에서 오류가 생기지 않도록 실전 연습도 할 겸 오답 풀이를 하는 노트를 사서 깔끔히 쓰며 정리했어. 처음에는 시험지를 오려서 풀로 붙이고, 만약 앞뒤로 다 틀렸으면 한쪽 면은 복사해서 다시 오리고, 해답지도 예쁘게 써두고 그렇게 열심히 했는데, 나중에 보니까 내가 정리했던 그 문제를 또 틀렸더라고. 나는 조금 충격을 받아서 정리하는 방법을 아예 바꿨어. 오답 노트를 정리하는 형식은 무시하고 진짜 문제 자체를 완전히 파헤치겠다는 생각 하나만으로 정리하기 시작했어. 오답이 생기면 표시해두었다가 자습 시간에 노트에다 문제를 손으로 적으면서 문제에 대한 첫 접근부터 답을 찾아가는 과정 전체를 천천히 생각했어. 그리고 스스로 설명하는 방식으로 오답을 정리했지. 천천히 하다 보니 각 과정을 완전히 이해할 수 있게 되더라고. 또 새로운 풀이 방법이 떠오르면 그것도 노트에 정리해두었지. 오답을 정리할 노트를 따로 만들거나 사지 않았기 때문에 아무 노트나 종이에 오답을 정리하고 북 찢어서 파일에 모아두었어. 머릿속에만 집어넣으면 되니까 어떤 방법으로 정리하든 상관없다고 생각했지. 그렇게 했더니 오답을 한 번 정리한 문제는 거의 다시 틀리지 않았어. 내 경험으로 봤을 땐 형식에 너무 구애받기보다는 머릿속에 집어넣으려고 하는 노력이 더 중요한 것 같아.

나는 '지금 내가 쓸데없는 것을 정리하고 있는 건 아닌가', '무조건 베껴 쓰고 있지는 않은가' 하는 걱정을 항상 했고, 그걸 점검하려고 노력했어. 공부했던 내용은 최대한 다 정리해두고 싶었기 때문에 정리하는 노트의 양이 엄청나게 많았어. 하지만 노트 정리를 한 만큼 성적이 올랐기 때문에 포기할 수 없었어. 그래서 나중에는 비중이 적은 내용들은 간단히 정리하고 넘어가거나, 아니면 글씨 적는 시간이라도 줄이기 위해서 컴퓨터로 타이핑하기도 했지. 하지만 단 한 글자를 적어도 그냥 옮겨 적지는 않으려고 했어.

노트를 정리하기 전에 꼭 필요한 내용인지, 무조건 베끼려는 것은 아닌지 확인해보는 절차가 필요한 것 같아. 진짜 공부는 자신이 스스로 내용을 선별하고 정리하는 과정에서 이뤄진다고 생각해. 그래서 다른 친구들은 노트 정리를 잘한 친구에게 노트를 빌려보는 경우가 있었지만, 나는 꼭 스스로 노트 정리를 하려고 했어. 노트 정리는 결과물보다 과정에 더 중요한 의미가 있거든. 잘된 노트를 빌려보는 것만으로는 내용을 깊이 이해하고 받아들

일 수가 없었어.

사실 정리를 잘한 친구에게 노트를 빌려서 공부한 적이 있었는데, 급할 때 잘 정리된 것을 볼 수 있어서 좋았어. 선생님이 어느 부분을 강조했는지도 알 수 있고, 또 정리하느라 힘들지도 않았고. 그런데 '와, 얘는 정말 잘했다!' 하고 절로 감탄이 나오는 노트를 봐도 정작 내가 한 게 아니라서 그런지 나에게는 별로 도움이 안 되었던 것 같아. 사람마다 사고과정이 다른데 다른 사람의 사고과정을 따라가면서 이해해야 하니 잘 안 맞았던 측면도 많았고, 왠지 내 것이 아니어서 정감도 덜 갔지. 이럴 바에야 내가 직접 정리하는 게 낫다는 생각이 들었고 실제로 그렇게 했지. 그 이후로는 굳이 친구의 노트를 빌릴 필요가 없었어.

그러고 보면 우리 세 사람은 각자 스타일은 다르지만 자신에게 필요한 방식으로 노트 정리를 했다는 공통점이 있네. 다들 식성이 다르듯이 지식을 습득하는 과정도 다른 게 자연스러운 거겠지. 꼭 필요한 내용을 자기 머릿속에 넣기 좋은 방식으로 정리하기 위해 끊임없이 노력하는 것은 정말 중요한 것 같아. 정리한 이후에도 자신에게 맞는 공부법으로 꾸준히 활용한다면 노트 정리는 정말 효과적으로 공부하는 데 꼭 필요한 수단이 될 것 같아!

공부가 잘된다기에 무작정 시작한 노트 정리. 그러나 한 번 할 때마다 시간도 많이 들고,

손도 팔도 어깨도 아프고, 전부 정리해야 한다는 부담감에 괜히 마음까지 조급해지는데….

주야장천 빽빽하게 노트 정리한 만큼 성적도 같이 오를까? 서울대생은 노트 정리를 어떻게 했을까?

No.

DATE

서울대 합격생 노트 정리에는 특별한 것이 있다

단순히 손 운동으로 끝나지 않고 진짜 공부를 위한 노트 정리가 되기 위해
서울대 합격생들이 가장 중요하게 여긴 것은 무엇이었는지 알아보았다.

서울대 합격생들의 특별한 노트 정리

01 노트 정리와 사고활동의 상관관계

02 노트 정리보다 생각 정리가 먼저다

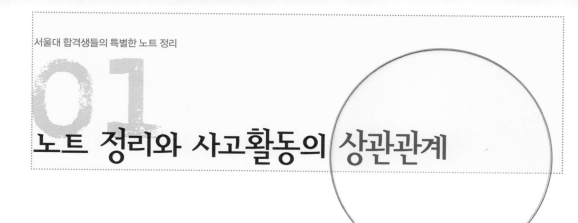

01

노트 정리와 사고활동의 상관관계

노트 정리는 그것을 정리하는 사람의 생각과 상호작용하여 이뤄진다. 그렇기 때문에 노트 정리를 보면 그 사람이 어떤 방식으로 생각하고 공부했는지 관찰할 수 있다. 정리된 노트에는 무엇을 공부할 것인지, 어떻게 공부해야 할 것인지에 대한 계획부터 공부해서 얻은 결과물까지 모두 들어 있기 마련이다. 즉 공부의 시작부터 끝까지가 전부 노트 한 권에 담겨지는 것이다. 과연 어떤 의미를 갖기에 공부의 시작과 끝이 노트 정리 하나로 완성되는지 꼼꼼히 살펴보자.

노트 정리와 사고활동

노트 정리 단계	노트 정리 전	노트 정리 중	노트 정리 후
사고활동 단계	**사고의 필터** 실제로 손으로 적기 전에 어떤 것을 정리할 것인지 선별하는 과정이다.	**사고의 과정** 적는 과정에서 사고가 명확해지며 확장될 수 있다.	**기억의 보조 및 복습 수단** 기억이 희미해질 때 다시 볼 수 있고, 효과적인 복습 수단으로 활용 가능하다.

노트 정리 전 : 사고의 필터

노트에 무언가를 적는 것은 시간과 노력이 드는 작업이다. 그렇기 때문에 모든 내용을 손으로 다 써가며 정리할 수는 없다. 따라서 자연스럽게 가장 중요한 것들을 위주로 정리하게 된다. 노트 정리를 하겠다고 마음먹으면 그 순간부터 노트에 무엇을 쓸 것인지를 생각하게 되고, 많은 내용들 중 무엇이 가장 중요한지 생각하게 된다. 머릿속으로 들어온 수많은 내용들을 노트 정리라는 필터로 가장 중요한 것들만 쏙 걸러내는 단계를 거치는 것이다. 이 단계를 통해 무엇이 중요하고, 무엇이 핵심인지 파악하며 자신에게 필요한 공부 방향과 계획을 세울 수 있게 된다. 무엇을, 어떻게, 어느 수준으로 공부해야 할지 스스로 자기만의 공부 방향과 계획을 세우기 때문에 효율적으로 공부를 할 수 있는 것이다. 또한 중요도에 따라 선별한 내용을 어떻게 적을 것인지 미리 구상하기 때문에 자신의 사고가 정리되는 효과도 있다.

이런 단계를 밟지 않고 무작정 노트 정리를 한다면, 어디에 수맥이 있는지 확인해 보지 않고 아무 곳에나 우물을 파는 것처럼 애써 힘들게 썼던 노트 정리는 보람 없이 끝날 뿐이다. 이러한 노트 정리는 시작부터 잘못이기에 아무리 열심히 한다 해도 큰 효과를 보지 못한다. 계획 없이 노트 정리를 시작한 대부분의 학생들은 중간에 정리하기를 포기한다. 노트에 정리해야 할 중요한 내용을 선별하지 않았기 때문에 정리해야 할 양이 너무나 많았던 것이다. 결국 손은 손대로 아프고, 스스로 계획했던 노트 정리를 완성하지 못했다는 자책감만 남게 된다. 이런 악순환을 피하려면 노트 정리를 시작하기 전에 반드시 무엇을 쓸 것인지 선별하는 과정이 필요하다.

노트 정리 중 : 사고의 과정

무엇을 어떻게 정리할지 방향과 계획을 세웠다면, 이제 필요한 것은 실제로 노트에 적는 단계다. 이 단계에서는 자신이 머릿속으로 생각하고 있는 지식과 개념을 실제 글자 또는 그림 등의 시각적 기호로 표현하게 된다. 즉 머릿속에서 추상적으로 떠돌던 개념을 구체적인 글자나 그림으로 표현하고, 산발적으로 떨어져 있던 지식들을 체계적으로 묶어 노트 위에 정리하는 과정이다. 이 과정을 통해 사고는 구체적이고 체계적으로 정리된다. 노트 정리를 하면 머릿속에서 하는 생각 이상으로 여러 개념들을 관련짓고 비교하며 확장시킬 수 있다. 노트 정리를 하는 과정은 단순히 지식을 정리하는 것이 아니라 생각을 정리하는 과정이기 때문이다.

노트 정리를 할 때 정리하는 자체에만 열중하는 학생들이 종종 있다. 마치 누군가에게 보여주고 검사 받기라도 하는 듯 글자를 깨끗이 쓰고 그림을 깔끔하게 그리는 데 노력을 기울인다. 물론 노트 정리를 깨끗하게 하는 것도 공부에 큰 도움이 된다. 하지만 예쁘게 정리하는 데 온 마음과 정신을 쏟느라 정작 내용에 집중하지 못한다면 그것을 정리하는 근본적인 목적을 망각한 것이나 다름없다. 노트 정리는 다른 누군가를 위해서 하는 게 아니라 자기 자신의 공부를 위해서 하는 것이기 때문이다. 정리를 하는 과정에서는 노트를 꾸미는 데 집중할 것이 아니라 머릿속 지식을 노트에 어떻게 표현할지 끊임없이 생각하는 데 집중해야 한다.

이 과정에서 자신이 어떤 부분을 이해하고, 또 이해하지 못하는지를 잘 알 수 있다. 자신의 실력을 스스로 점검하며 공부할 수 있는 것이다. 이를 통해 자신의 취약점을 파악하고, 그 부분을 집중적으로 복습할 수 있다. 또 이미 알거나 이해하고 있는 부분도 더 확실히 머릿속에 입력시킬 수 있다.

노트 정리 후 : 기억의 보조 및 복습 수단

노트를 정리해두면 시간이 지나 기억이 희미해지더라도 언제든지 다시 볼 수 있다는 장점이 있다. 특히 중요한 것 위주로 정리했다면 노트는 단기간에 핵심 위주로 공부할 수 있는 훌륭한 복습 수단이 된다.

노트를 다시 보는 과정은 공부의 완성을 이루는 단계다. 자신의 사고과정을 돌아볼 수 있으며, 복습을 하는 과정에서 새롭게 알거나 더 확실히 이해한 내용을 덧붙여 정리할 수도 있다. 또 이해가 부족했던 부분이나 잘못 이해했던 부분을 발견해 이를 수정할 수도 있다. 이렇게 자신이 공부했던 내용을 돌아보고, 보완 혹은 수정하는 과정에서 공부가 완성된다.

서울대 합격생들, 노트로 머리를 움직이다

많은 학생들이 노트 정리의 가장 중요한 단계로 보통 마지막 수순인 '노트 정리하고 난 후'를 떠올린다. 노트 정리는 '기록'이며 기록은 다시 볼 수 있다는 게 가장 기본적인 장점이기 때문이다.

그러나 서울대 합격생들이 노트 정리에서 가장 중요하게 생각했던 단계는 '노트 정리를 하기 전'과 '노트 정리하며 쓰는 중'이었다. 노트 정리의 궁극적인 목적은 결국 머릿속에서 이루어지는 이해와 암기다. 서울대 합격생들은 이를 달성하기 위해 노트 정리라는 수단을 최대한 효과적인 방식으로 활용해 머릿속 사고활동을 전개했던 것이다. 노트 정리를 하는 행동이 손만 움직이는 운동이 되지 않고, 머리를 움직이는 운동이 되도록 하는 것이 서울대 합격생 노트 정리의 핵심이었다.

02

노트 정리보다 생각 정리가 먼저다

서울대 합격생들의 노트 정리가 특별한 이유

노트 정리를 하는 방식은 다양하기 때문에, 어떤 방식이 완벽하게 좋다고 말할 수 없다. 사람마다 자기만의 스타일이나 정리 방식이 있고 또 보충해야 하는 것이 다르기 때문이다. 서울대 합격생들의 노트 정리도 마찬가지였다. 노트 정리법도 제각기 달랐고, 활용법에도 차이가 있었다. 다만 서울대 합격생들은 자신에게 가장 잘 맞는 방식을 찾아 충분히 활용했고, 계속 효율적으로 발전시키려고 노력했다는 공통점이 있었다.

노트 정리를 하는 학생들의 공부 방법은 대개 비슷한 방식을 취할 것이다. 그러나 똑같이 정리를 했는데도 그 결과에 차이가 벌어지는 이유는 무엇일까? 서울대 합격생들을 인터뷰해본 결과, 대다수 학생들이 공통적으로 강조하는 점이 하나 있었다. 그것은 바로 노트 정리 전에 먼저 생각했다는 것이다. 서울대 합격생들은 교과서나 문제집 등에 실려 있는 수많은 내용에 압도당한 나머지 그것을 모두 노트 정리하기보다 먼저 자신이 어떤 내용을, 어떻게 적을 것인지에 대한 생각을 정리한 다음 노트 정리를 시작했다. 또 교과서나 참고서, 선생님의 말을 그대로 옮기는 것이 아니라 자신이 이해한 것을 바탕으로 자신만의 말로 바꿔 정리했다. 서울대 합격생들의 노트 정리가 특별한 이유가 바로 여기에 있다. 노트 정리를 하는 근본적인 마음가짐의 차이와 노력의 정도가 서울대 합격에 큰 힘이 되어준 것이다.

먼저 생각한 다음 나만의 말로 정리한다

　　서울대 합격생들이 노트를 정리했던 실제 과정은 보통 다음과 같았다. 개념을 정리할 때는 노트에 쓰기 전에 먼저 머릿속으로 왜 그렇게 되는지 생각해보고, 자신이 이해한 대로 자기만의 말로 바꿔 표현했다. 그리고 이해가 정확히 되지 않는 경우, 우선 노트 정리를 해둔 후 다시 한 번 생각해보고 그래도 의문이 남을 때는 노트에 자신의 궁금증을 조그맣게 남겨놓고 나중에 보충했다. 일단 생각한 다음 그 내용을 나만의 말로 정리하고, 다시 생각을 덧붙이는 단계다. 무엇보다 '생각'이 중요하며 자신의 말로 정리하는 것이 중요함을 엿볼 수 있다. 서울대 합격생의 노트 정리를 살펴볼 때, 가장 주목해야 할 점이 바로 이것이다.

　　서울대 합격생의 노트 정리 비밀은 단지 겉모양만 봐서는 드러나지 않는다. 그들의 노트 정리 방식과 형식을 무작정 따라해서도 안 된다. '손가락을 보지 말고 달을 보라'는 말처럼 노트 정리는 형식 자체보다 그 정리를 통한 사고과정에 보다 중점을 두어야 한다. 이 점을 염두에 두고 노트 정리를 할 때, 서울대 합격생들처럼 자기만의 공부를 할 수 있다.

　　노트 정리는 지식을 이해하고 내 것으로 만들기 위해 하는 것이다. 하지만 노트에 정리했다고 해서 내용이 모두 이해되는 것은 아니며, 또 모두 내 것이 되는 것도 아니다. 이해는 머릿속에서 이루어지는 사고작용으로, 이 과정은 노트 정리를 하기 전에 생각하는 시간과 실제 노트 정리를 하는 시간 동안 일어난다. 지식을 내 것으로 만들기 위해서는 서울대 합격생들처럼 항상 '생각을 먼저 하고 나만의 말로 노트에 적는다'는 마음가짐으로 노트 정리를 해야 한다는 것을 잊지 말자.

박준영 (서울대학교 재료공학부 06학번)

나만의 노트 정리로
머릿속 지식을 체계화하다

노트 정리 철학
나만의 책을 만든다는 마음으로!
정리하는 과정 자체에 집중하자!

노트 정리를 시작한 이유는?

머릿속에 흩어져 있는 지식들을 모아서 노트에 차곡차곡 쓰다 보면,
어느새 그 지식들이 머릿속에서도 노트처럼 다시 한 번 정리되기 때문에 시작했어요.

노트 정리는 어떤 마음가짐으로?

나만의 책을 만든다는 마음가짐으로 했어요. 일단 교과서의 주요한 내용을 이해하고 나서,
교과서의 체계를 그대로 따르기보다는 나만의 방식으로 체계를 잡아보고 그 속에서
내가 이해한 내용을 나만의 말로 풀어 노트에 썼어요. 그 다음 선생님이 가르쳐주거나
문제집에서 새로 본 내용을 덧붙이면서 보다 완벽한 나만의 노트를 만들려고 노력했어요.

노트 정리를 할 때 가장 중점을 둔 것은?

저의 경우엔 일차적으로 무슨 내용이 있었는지 아무렇게나 노트에 적어놓고,
머리에 대략 구조가 잡힌다 싶으면 깔끔하게 다시 정리했어요. 이렇게 두 번 가공하면
내용이 체계적으로 잘 정리돼요. 구슬이 서 말이라도 꿰어야 보배가 된다고 하잖아요.
공부를 많이 하면 머릿속에 지식이 많이 채워지는 것 같지만, 체계적으로 정리하지 않으면
그냥 단편적인 지식이 될 뿐이에요. 체계화시켜야 제대로 된 나만의 지식이 된다고 생각해요.

노트 정리가 도움이 될 때는?

노트 정리가 공부에 도움이 되는 건 정리하는 동안 집중하기 때문인 것 같아요.
집중하기 때문에 이해와 동시에 암기도 되거든요. 저는 노트 정리를 완벽하게 한 권해서
시험 직전에 다시 봤어요. 물론 한 번 정리하는 데 시간이 많이 걸리긴 하지만,
그 정도 투자할 가치가 있어요. 노트 정리를 대충 하고 남은 시간에 문제를 푸는 것보다
완벽하고 깔끔하게 정리하면서 개념을 제대로 이해하는 것이 더 공부에 도움이 됐어요.
내신 공부를 할 때는 시험 2~3주 전에 하루를 잡아 8시간 정도,
한 과목에 대해서 미리미리 조금씩 정리해둔 것을 바탕으로
해당 시험 범위를 쭉 노트 정리했어요. 여러 번 나눠서 하는 것보다 하루에 몰아서 하는 것이

그 과목에 대한 집중도를 높일 수 있어서 더욱 효율적이었어요.

이런 식으로 해서 시험 1주일 전에 노트 정리를 모두 완료했고, 남은 시간 동안에는 정리된 노트를 보면서

다소 여유 있게 시험에 임할 수 있었지요. 덕분에 꾸준히 좋은 성적을 유지할 수 있었답니다.

노트 정리를 시작하려는 후배들에게 한마디 한다면?

솔직히 제 노트 정리법은 시간이나 노력 등 성실성이 꽤 필요한 작업이에요.

그래서 저는 과외를 하는 학생들에게 차라리 문제집 앞쪽에 간략히 정리된 것을 활용하라고 권해요.

이미 정리된 내용을 토대로 틈새에 빠진 내용을 채워 넣으면서 어쨌든 자신만의 노트를 만든다는

마음가짐으로 접근하라는 거죠. 그런 태도 자세가 가장 중요하기 때문이에요.

내용 전체를 직접 쓰는 것이 부담스러운 친구들에게는 이런 방법이 오히려 효과적일 거라고

생각돼요. 하지만 시간이 된다면 역시 자신만의 노트를 하나 만들어보는 것이 더 좋아요.

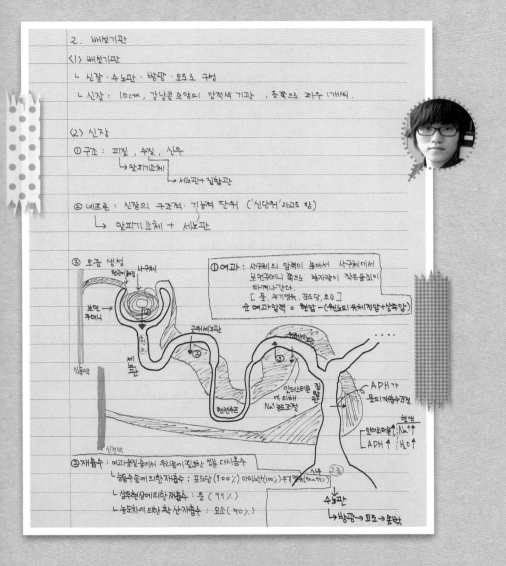

학교 수업 진도 따라잡으랴, 봉사활동 시간 채우랴, 시험 공부하랴…

몸이 둘이라도 모자란데 한가하게 서울대 합격생들은 노트 정리를 했다고?

핵심만 뽑아놓은 좋은 참고서, 빛의 속도로 내려받을 수 있는 인터넷 자료도 많은데 괜한 시간 낭비 아닐까?

서울대 합격생 100인,
노트 정리를 말하다

학창 시절, 바쁜 시간을 쪼개 노트 정리를 했던 서울대 합격생 100인에게 설문 조사를 실시했다.
왜, 힘들고 시간이 많이 들며 귀찮기까지 한 노트 정리를 시작했는지 그 사연을 직접 들어봤다.

서울대 합격생 100인이 말하는 노트 정리

O1 서울대 합격생 97%, "노트 정리는 공부에 큰 도움된다"

01

서울대 합격생 97%,
"노트 정리는 공부에 큰 도움된다"

서울대 합격생 97%, 노트 정리로 공부했다

서울대 합격생들은 왜 노트 정리를 했을까? 또 노트 정리는 얼마나 도움이 되며, 어떻게 해야 확실히 도움을 받는 것일까? 이 의문들을 풀기 위해 우리는 서울대 합격생을 대상으로 설문 조사를 실시했다. 설문에 응한 서울대 합격생들 중에서 우리를 포함, 100인으로 설문 대상 중 약 97%에 이르렀다.

노트 정리를 거의 하지 않았던 학생은 3% 정도였는데 '기존 참고서가 잘 정리되어 있기 때문에', '일단 시작하면 계속해야 할 것 같고 그 부담감이 오히려 공부에 방해가 될 것 같아서', '노트를 정리할 시간에 하나라도 더 보고 이해하는 것이 낫다고 생각해서' 등의 이유로 잘 하지 않았다고 답했다.

우리는 노트를 정리한 97%의 서울대 합격생들을 대상으로 노트 정리 활용법과 효과, 그리고 그 과정과 방법에 대한 밀착 설문 조사를 진행했다. 특히 중점을 두고 조사한 것은 노트 정리를 하는 서울대 합격생들의 행동 양식이었다. 노트 정리를 하기 전, 노트 정리를 실제로 하는 중, 노트 정리한 후에 각각 어떤 생각과 행동을 하는지에 대한 부분이 바로 그것이었다.

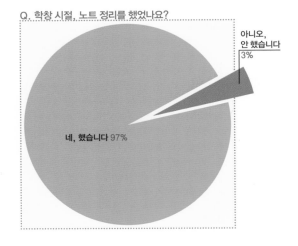

Q. 학창 시절, 노트 정리를 했었나요?

아니오, 안 했습니다 3%

네, 했습니다 97%

Q. 왜 노트 정리를 했나요?

- 원리를 이해할 때 효과적이기 때문에 23%
- 적으면서 정리할 때 집중이 잘되기 때문에 23%
- 나만의 방식으로 내용을 정리할 필요가 있기 때문에 30%
- 암기에 도움이 되기 때문에 24%

Q. 학습에 효과가 있었나요?

도움이 된 측면
- 애매하고 헷갈리던 내용이 이해된다.
- 취약 과목을 집중 정리할 수 있다.
- 정리 과정 중 공부 효과가 있다.
- 시간이 없을 때 한 권만 보면 된다.
- 흐름을 잡고 공부에 집중할 수 있다.

- 거의 없음 0%
- 보통 5%
- 조금 4%
- 다소 많이 34%
- 꽤 많이 57%

노트 정리의 동기와 활용도, 효과

노트 정리를 한 적이 있는 서울대 합격생들은 그 이유로 '나만의 방식으로 내용을 정리할 필요가 있기 때문'을 가장 많이 꼽았다. 그 다음으로는 '암기에 도움이 되었기 때문'을 꼽았다.

노트 정리의 활용 빈도에 대해 '자주' 활용했다는 학생은 40퍼센트, '항상'은 20퍼센트, '보통'은 25퍼센트, '가끔'은 10퍼센트, '아주 가끔'은 5퍼센트로 과반수 이상이 공부하는 데 노트를 적극적으로 활용한 것으로 나타났다.

노트 정리가 공부에 얼마나 도움이 되었는지 효과를 묻는 질문에는 90퍼센트 이상의 학생들이 큰 도움이 되었다고 답해 노트 정리가 학습에 효율적임을 확인했다.

노트 정리 전 단계

노트 정리를 하기 전에 준비를 했는지에 대해서는 64퍼센트가 했다고 답했다. 정리할 핵심 내용을 구체화하거나 전체적인 흐름을 파악하기 위한 큰 내용들을 구분할 목적이었다고 했다. 또한 서울대 합격생들 전체의 43퍼센트는 사회 과목을 정리했으며, 수학과 과학은 각각 38퍼센트, 36퍼센트로 나타났다. 사회 과목은 핵심 내용의 요약, 수학과 과학은 개념 및 문제를 주로 노트 정리했다고 답변했다.

Q. 어떤 과목을 주로 정리했나요? (중복 답변)

- 사회
- 수학
- 과학
- 언어
- 영어

Q. 노트 정리에 앞서 사전 준비를 했나요?

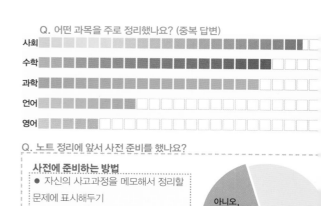

사전에 준비하는 방법
- 자신의 사고과정을 메모해서 정리할 문제에 표시해두기
- 노트 여백이나 메모지에 정리할 요점을 간단히 적어두기
- 정리할 단원의 내용 흐름을 파악하고 큰 내용을 잡기 위한 공부를 미리 하기

- 아니오, 준비하지 않았습니다 36%
- 네, 준비했습니다 64%

노트 정리 중 단계

가장 많이 정리한 내용은 '이해가 필요한 개념 및 원리'로 서울대 합격생들은 각 과목의 가장 기본 실력을 쌓는 공부를 하는 데 노력을 기울였음을 알 수 있었다. 그 다음으로는 '자주 틀리는 부분'과 '암기가 필요한 내용'이었으며, 거의 모든 부분을 정리했다는 학생도 14퍼센트에 이르렀다.

노트 정리를 실제로 할 때 주로 무엇을 참고했

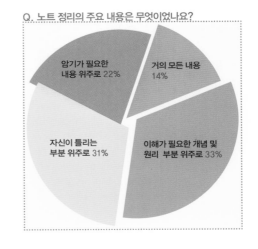

Q. 노트 정리의 주요 내용은 무엇이었나요?

- 암기가 필요한 내용 위주로 22%
- 거의 모든 내용 14%
- 자신이 틀리는 부분 위주로 31%
- 이해가 필요한 개념 및 원리 부분 위주로 33%

느냐는 질문에는 교과서나 참고서보다 선생님의 수업 내용, 그리고 수업을 듣거나 혼자 공부하면서 메모한 것을 참고해 노트 정리를 했다는 학생이 61퍼센트로 훨씬 많았다.

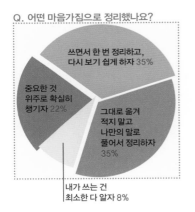

Q. 어떤 마음가짐으로 정리했나요?

- 쓰면서 한 번 정리하고, 다시 보기 쉽게 하자 35%
- 중요한 것 위주로 확실히 챙기자 22%
- 그대로 옮겨 적지 말고 나만의 말로 풀어서 정리하자 35%
- 내가 쓰는 건 최소한 다 알자 8%

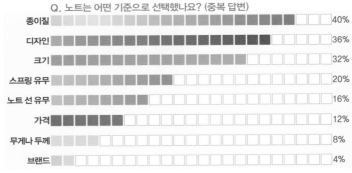

Q. 노트는 어떤 기준으로 선택했나요? (중복 답변)

종이질	40%
디자인	36%
크기	32%
스프링 유무	20%
노트 선 유무	16%
가격	12%
무게나 두께	8%
브랜드	4%

노트 정리를 시작할 때 어떤 마음가짐을 갖고 했느냐는 질문에 '그대로 옮겨 적지 말고 나만의 말로 다시 풀어서 정리하자'와 '쓰면서 한 번 정리하고 다시 보기 쉽게 하자'는 생각으로 했다는 학생이 각각 35퍼센트로 가장 많았다. 이는 노트 정리를 통해 온전히 자신의 것으로 만들겠다는 의지가 강했다는 것을 보여준다. 또 22퍼센트의 학생들은 '중요한 것 위주로 확실히 챙기자', 8퍼센트는 '내가 쓰는 건 최소한 다 알자'는 마음가짐으로 노트 정리에 임했다고 답했다.

그래프에는 없지만 주로 정리하는 노트로 서울대 합격생들은 스프링 노트를 꼽았다. 스프링 노트는 넘기기가 편하고, 잘못 쓰거나 마음에 들지 않으면 한 장씩 북북 찢어낼 수 있으며, 활짝 펴져서 손으로 쓸 때 종이가 개지 않고, 제본된 공책보다 두껍기 때문에 오래 쓸 수 있다는 장점이 있어 34퍼센트의 학생들이 선택했다. 다음으로 많이 쓴 제본 노트는 낱장이 잘 뜯기거나 밀리지 않고, 값이 싸며, 어디서든지 쉽게 구할 수 있어 29퍼센트의 학생들이 썼다고 답했다. 노트 크기는 교과서 크기의 일반 공책을 쓴 학생이 70퍼센트로 가장 많았고, A4 크기의 노트나 종이를 쓴 학생은 30퍼센트였다. 노트의 선택 기준은 '종이질'을 최상으로 꼽았으며 그밖에 디자인, 노트 크기, 스프링 유무, 노트 속의 선 유무, 가격, 무게나 두께, 브랜드 순이었다.

　　서울대 합격생들은 대개 매일매일, 주로 하루 중 저녁 자습 시간에 1시간 정도로 했다고 답했다. 노트 정리를 하는 최적의 시간과 장소로는 수업을 마친 후와 다른 학생들과 함께 공부하는 학교 자습실을 택했다.

Q. 정리한 노트를 다시 보며 공부했나요?

다시 보는 이유
- 시험 기간마다 또는 문제를 틀릴 때마다 재점검하기 위해
- 내용을 다시 한 번 숙지하기 위해
- 내가 정리한 것이 가장 편하고 가장 신뢰할 수 있기 때문에
- 암기한 내용의 확인을 위해

아니오, 안 봤습니다 11%
네, 봤습니다 89%

Q. 노트 정리, 대학 합격 후에도 계속했나요?

더 많이 합니다 20%
예전만큼 합니다 30%
그때보단 덜 합니다 50%

노트 정리 후 단계

　　노트 정리를 마친 서울대 합격생들의 89퍼센트가 자신이 정리했던 노트를 다시 보며 공부한다고 밝혔다. 자신이 정리한 노트를 또 보지 않는 11퍼센트의 학생들은 '내용을 이해하기 위한 목적으로 노트 정리를 했기 때문'과 '복습을 할 때는 참고서 같은 다른 수단을 이용하는 것이 더 효과적이기 때문'이라고 이유를 밝혔다.

　　노트 정리를 끝낸 후에 내용을 보완하거나 한 번 더 정리해서 단권화를 하는 학생들도 70퍼센트로 많았다. 주로 새로 안 내용이나 잘못 이해한 부분, 다른 내용과 연계해서 정리할 부분에 대해 보완한다고 했다. 그렇지 않는 학생들은 수정을 하거나 내용을 추가하는 것이 좀 번거롭고, 새로 정리하는 내용이라면 새 노트에 하는 것이 더 좋기 때문이라고 답했다.

　　한편 서울대 합격 후에도 이들은 노트 정리를 계속해온 것으로 밝혀졌다. 이들의 대학 노트는 책의 마지막 부록에서 엿볼 수 있다.

노트 정리를 정의한다	● 노트 정리는 아는 것을 내가 이해한 대로, 내 언어로 정리하는 것이다.
	● 노트 정리는 머릿속을 정리하기 위해 손을 대는 것이다.
	● 노트 정리는 몇백 쪽을 몇십 쪽으로 만드는 것이다.
	● 노트 정리는 문제를 풀 때 떠오르지 않았던 영감을 얻어내는 것이다.
노트 정리, 이렇게 하자	● 눈에 보이는 것에 연연하지 말자.
	● 무엇을 적을 것인지 더 많이 생각하자.
	● 내가 이해한 것을 나에게 설명하듯이 내 언어로 적자.
	● 노트에 적는 내용은 모두 머리에 들어가도록 정리하자.
	● 다른 사람에게 설명할 수 있을 정도로 적자.
	● 지금 머리에 넣지 못할 것 같으면 시간이 아깝지 않을 정도로만 하자.
	● 나만의 순서대로 적어보자.
	● 모르는 것들을 확실히 써놓고 익히자.
정리의 의미를 찾는다	● 나만의 언어로 표현하지 못하면 모르는 것이나 다름없다.
	● 시각적으로 정리되어야 머릿속으로도 정리된다.
	● 내 말로 정리해야 오래 기억된다.
	● 내용을 다 알고 문제를 다 맞히면 노트를 볼 일이 없어진다. 노트는 문제를 틀릴 때 찾기 때문이다. 따라서 노트 정리가 도움이 되더라도 궁극적으로는 만점을 위해 노트와 작별하도록 하자!
후배 여러분께 한 말씀	● 디자인보다는 효율을 생각하세요.
	● 포기하지 않고 끝까지 꾸준히 해내는 것이 중요합니다.
	● 노트 정리의 정석은 없어요. 자신만의 색깔을 찾는 것이 중요합니다.
	● 정해진 형식보다 자기에게 맞게, 자신의 약점에 맞춰 정리하는 게 좋습니다.
	● 정리를 위한 정리는 정말 필요 없어요. 자기 자신을 위한 노트 정리를 하세요.
	● 예쁘게 하기보다 다시 봤을 때 자신이 이해하기 좋도록 정리하세요.

노트 정리의 종결자 Zoom in interview

고영민 (서울대학교 재료공학부 10학번)

한 권으로 정리한 노트로
내 공부를 완성하다

노트 정리 철학
개념을 먼저 챙겨라!

노트 정리를 시작한 이유는?

여러 가지 개념들을 빠짐없이 정리해서 다시 볼 때 편하게 하기 위함이었어요.

노트 정리를 하면서 가장 중요하게 생각한 것은?

무엇보다 개념이었어요. 저는 노트 정리를 시작하기 전에 미리 공부를 해서 어느 정도 개념을 이해하고 있었기 때문에 깔끔하고 보기 좋게 정리할 수 있었죠. 주요 개념을 우선 공부한 후 다른 개념들을 추가하며 그 빈틈을 메우는 역할을 노트 정리가 해주었다고 생각해요.

정리한 노트를 다시 정리하는 단권화가 필요한 이유는?

화학이나 생물처럼 개념의 암기와 이해가 기초인 고학년 과목의 경우, 단권화를 해서 수능 직전에 보면 좋다는 조언을 많이 들어서 시작했어요. 실제로 해본 결과 직접 정리한 노트를 보니 눈에도 익고, 무엇보다 저에게 맞는 방식으로 정리할 수 있어서 문제집이나 선생님의 수업보다 훨씬 도움이 되었어요.

단권화로 노트를 정리할 때 가장 중점을 둔 것은?

단권화하는 노트의 경우, 이 노트 하나만 만들면 다른 것은 보지 않아도 될 만큼 꼼꼼하게 정리하려고 했어요. 빠짐없이 모든 개념을 다루고 싶었기 때문에 단원들으로 나온 내용을 사소한 것까지 다 정리했어요. 또 다시 보고 싶도록 깔끔하게 만드는 것도 중요해요. 어차피 내가 볼 것이니까 나중에 봐도 따분하지 않게 간간이 재미있는 말을 써넣거나 그림을 그리기도 했죠.

정리한 노트를 단권화하는 데 든 시간과 노트 정리를 한 시기는?

6개월 정도 걸렸어요. 고등학교 2학년 말부터 시작해서 3학년 초까지 완성하고 그 노트를 수능 직전까지 계속 다시 봤어요. 노트 정리는 하루에 두세 단원씩 하겠다는 목표를 세워서 해나갔고, 인강을 들으며 그 진도에 맞춰서 노트를 만들어갔죠. 단권화 노트를 정리하는 시기는 제가 한 것처럼 3학년 여름방학이 지나기 전까지가 적절하다고 생각해요.

노트 정리를 하기에 좋았던 노트는?

저는 주로 바인더 노트를 사용했어요. 노트의 양면을 모두 다 쓰지 않고 한쪽만 썼는데,
고개나 시선을 돌릴 필요 없이 한 장씩 넘기니까 내용에 더욱 집중이 잘됐어요.
사소한 습관이지만 결과적으로 시간도 절약하고 집중력도 높일 수 있어서 좋았죠.

노트 정리를 시작하려는 후배들에게 한마디 한다면?

우선 노트 정리에 무조건 돌입하지 말고 각 과목의 전반적인 개념부터 공부하는 게 중요해요.
개념을 먼저 익혀야 체계적으로 정리할 수 있거든요. 또 단권화 자체는 매우 도움이 되었지만 한 권으로
만드는 데 매여서 지나친 투자를 할 필요는 없을 것 같아요. 실제로 노트 정리하는 데 드는 시간이
꽤 걸리기 때문에, 노트 정리와 다른 공부 간에 투자 정도를 잘 고려해서 시간관리할 필요가 있어요.
예를 들어, 고3 막판에 노트 정리를 하려고 한다면 오히려 시간 낭비겠죠.
노트 정리는 이제 공부를 시작하거나, 공부를 하고 있으면서 해야 더욱 도움이 되기 때문이에요.

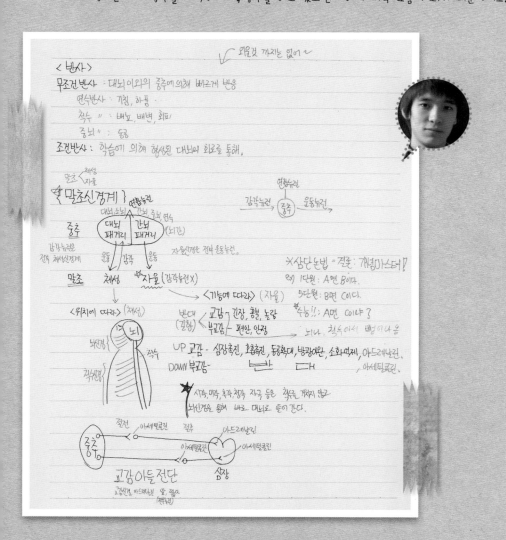

수업 강의, 교과서, 참고서… 공부해야 할 양이 압도적으로 많을 때

이것도 중요, 저것도 중요! 무엇부터 정리해야 할지 난감할 때

어떻게 해야 주눅 들거나 흔들리지 않고 나만의 노트 정리를 할 수 있을까?

서울대 합격생 100인의 노트 정리에서 밝혀낸 5가지 공통 습관

노트 정리에 대한 거의 모든 고민을 해결한 서울대 합격생들의 노트 200여 권에서 밝혀낸 정리의 비법, 그 특별한 5가지 습관을 공개했다.

서울대 합격생들의 5가지 노트 정리 습관

O1 핵심을 파악하며 정리한다

O2 체계를 생각하며 정리한다

O3 논리적으로 설명하며 정리한다

O4 한눈에 들어오도록 정리한다

O5 사고과정을 메모하며 정리한다

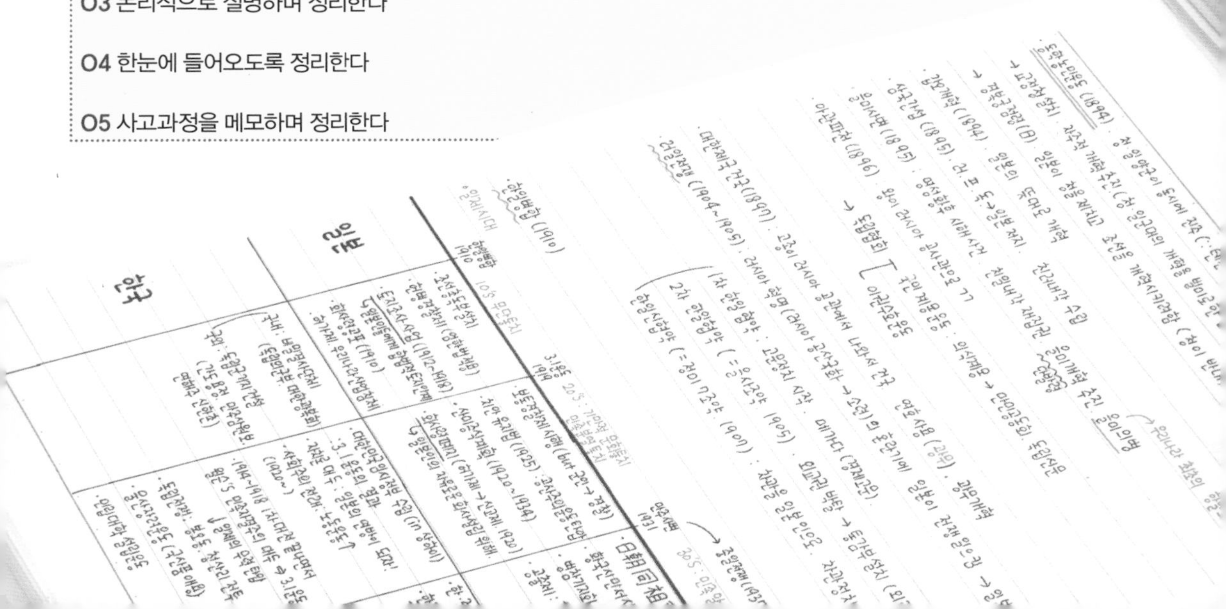

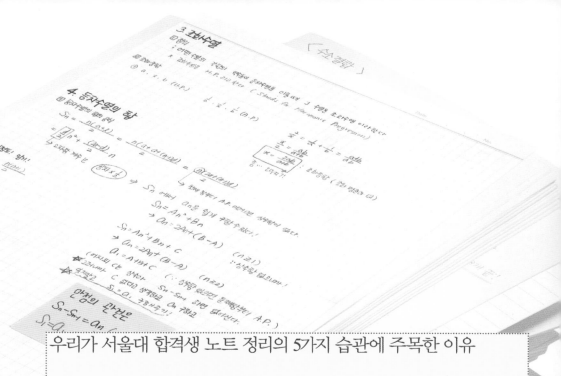

우리가 서울대 합격생 노트 정리의 5가지 습관에 주목한 이유

공부하는 모든 학생들의 현실적인 목표는 학습 내용을 정확히 이해하고 좋은 성적을 받는 것이다. 성적을 올리는 방법에는 여러 가지가 있다. 우리는 그중에서도 노트 정리를 통해 실력을 점점 향상시키고 성적까지 올릴 수 있는 방법에 대해 탐구했다. 노트를 정리한 학생들을 수없이 인터뷰하면서 노트 정리가 과연 서울대 합격생들의 고득점에 어떠한 영향을 주었을지에 초점을 두고 분석했다. 그 결과 공통적인 특성 5가지를 발견할 수 있었다. 그것은 바로 핵심, 체계, 설명, 집약, 메모였다. 5가지 특성은 모두 생각을 정리하고 그것을 노트 위에 옮기는 과정에서 나타났던 것이다. '노트 정리를 하기 전 생각을 먼저 정리한다'는 서울대 합격생들의 사고방식과 마음가짐이 노트 정리의 구체적인 방법에도 큰 영향을 미쳤고 결국 5가지의 습관을 형성했다.

서울대 합격생들의 5가지 습관, 이렇게 따라 해보자

서울대 합격생들의 노트 정리에서 공통적으로 발견된 핵심, 체계, 설명, 집약, 메모라는 5가지 특성은 노트 정리 습관인 동시에, 사고 전개 방식에 대한 습관이다. 서울대 합격생들의 5가지 공통 습관을 익히면 사고과정 또한 자연스럽게 몸에 배게 된다. 이것을 체득하면 노트 정리를 해나가는 과정에서 자기만의 스타일이 생기고, 사고방식도 발전시킬 수 있다. 단지 서울대 합격생들의 공통 습관을 따라 하는 데서 한 걸음 더 나아가 자신만의 공부법을 세워 더욱 효과적으로 공부할 수 있는 것이다. 5가지 공통 습관을 모방하는 궁극적인 목적은 사고과정을 배우고 그 사고과정을 기반으로 자신의 공부 방법을 확립하기 위함이다. 지금부터 서울대 합격생들의 5가지 노트 정리 습관을 알아보고, 이 습관들을 몸에 익혀보자.

서울대 합격생들의 5가지 노트 정리 습관

01 핵심을 파악하며 정리한다

우리의 기억 용량은 제한되어 있다

아인슈타인처럼 천재가 아닌 이상 우리의 머리는 공부하는 동안 이해하거나 기억할 수 있는 용량이 제한되어 있다. 한 번에 많은 내용들을 공부하고 나서 그 내용을 제대로 정리해놓지 않으면, 머릿속에서 공부한 내용이 뒤죽박죽 섞여 혼란스러워지고 어떤 건 기억에서 사라지기도 한다. 벼락치기로 공부한 내용은 시험이 끝나면 잘 기억나지 않는 것도 그 때문이다.

■ **꼭 기억해야 할 것들을 꼭 기억하기 위해서** | 우리가 배우고 공부하는 양에 비하면 시험에 나오는 문제의 수는 적다. 내신 시험은 물론 수능 시험도 출제되는 문제가 한정되어 있다. 교과서에 나오는 내용이 모두 문제로 출제되는 것은 아니며, 작은 것까지 다 안다고 해서 시험을 잘 볼 수 있는 것도 아니다. 꼭 알아야 할 것들을 중심으로 효과적인 공부를 하기 위해서는 핵심 내용과 그에 따른 보조 내용을 구분할 필요가 있다. 먼저 핵심 내용을 정확히 알고, 보조 내용은 머릿속에 잘 정리해놓았다가 문제를 풀 때 적재적소에 활용할 수 있어야 시험을 잘 볼 수 있다.

맛있는 음식을 먼저 먹는 이치

많은 음식이 앞에 놓여 있을 때 어떤 음식을 먼저 먹어야 할까? 만약 우리의 목표가 빨리 기분이 좋아지는 것이라면 가장 맛있는 음식부터 먹어야 한다. 공부와 노트 정리도 같은 이치다. 노트 정리를 하는 많은 학생들이 완벽한 노트를 만들기 위해 모든 내용을 정리하려는 경향이 있다. 물론 대단한 끈기를 가지고 노트 정리를 완성한다면 분명 성적이 오를 것이다. 하지만 모든 과목의 노트 정리를 이렇게 할 수는 없다. 주어진 시간 동안 효율적으로 노트 정리를 하기 위해서는 핵심 위주로 해야 한다. 이를 위해서 우선 순위를 파악하는 것이 중요하다. 다시 말하자면 중요하지 않은 내용들은 과감히 공부 대상에서 제외시키라는 것이다. 모든 내용을 정리하려고 하지 말자. 꼭 정리해야 할 핵심만 중점적으로 파악하고 보조 부분을 추가해가며 정리하는 습관을 갖자.

의미 있는 정리가 되기 위해

노트 정리에서는 핵심 위주로 정리하는 것 이상으로 중요한 것이 있다. 그것은 스스로 정리한 노트를 의미 있도록 만드는 것이다. 노트 정리는 단순히 보면 손을 움직이는 행위이지만 사실은 두뇌 활동이다. 겉보기에는 똑같이 정리를 했지만 어떤 경우에는 머릿속에 전혀 내용이 들어오지 않기도 하고, 어떤 경우에는 많은 것을 알게 되기도 한다. 이는 노트 정리를 하며 두뇌 활동을 했는가, 하지 않았는가에 따라 달라진다. 쓸데없이 시간과 노력과 에너지를 낭비하지 않기 위해서는 노트 정리를 하는 동안 머릿속 사고작용을 활성화시켜야 한다. 노트 정리를 하면 자동으로 공부가 되는 것이라고 여기고 생각 없이 적기만 하면 아무것도 얻을 수 없다. '핵심 위주로 정리하겠다'고 마음먹고 정리할 내

코스 요리를 먹을 때 계획성 없이 마구 음식을 먹으면, 정작 메인 요리가 나왔을 때는 제대로 먹지 못한다. 노트 정리 역시 마찬가지다. 핵심을 먼저 파악하지 못한 채 노트 정리를 시작하면, 결국 그 핵심에 다가서지 못한 채 공부를 끝마치게 된다.

용을 살펴보면 여기서 핵심이 과연 무엇일지 눈여겨보게 되고 결국 공부에 더 집중하는 효과가 나타난다. 노트 정리를 할 때는 항상 중요한 것을 먼저 파악하는 습관을 갖도록 하자. 서울대 합격생들은 노트 정리를 할 때 핵심을 파악하기 위해 중요한 부분과 덜 중요한 부분을 구별하려고 도구를 활용했다. 기호와 색깔, 그리고 핵심 상자가 그것이다. 서울대 합격생들의 핵심을 파악하는 정리 습관을 살펴보고 자신만의 방식을 찾아보자.

How to take a note **?**

Q. 수험생 후배
노트 정리를 했던 내용을 떠올려보면 잘 기억나지 않아요. 복습할 때도 중요한 것만 빨리 보고 싶은데 어떻게 해야 하나요?

A. 서울대 합격생 선배
많은 내용을 정리했지만 진짜 알아야 할 내용을 따로 구분하는 작업을 하지 않았기 때문이에요. 중요한 내용을 특별히 구분하려면 노트에 강조 표시를 해야 해요. 이왕 강조할 거면 흐릿한 것보다 강하고 확실하게! 크게 강조할 내용은 눈에 잘 띄는 기호와 색깔을 활용하면 좋아요.

습관 따라잡기 **01_1.**
기호, 색깔, 핵심 상자를 활용해 정리한다

❶ **기호와 색깔을 활용하자** | 핵심을 파악하는 습관을 가지려면 어떤 내용을 쓸 것인지부터 시작해서 그 내용을 쓴다면 강조할 부분은 어디인지까지 생각해야 한다. 다른 내용과 연관이 많고 사고의 출발점이 되는 부분, 시험에 자주 나오는 부분 등을 눈에 잘 띄는 별표 같은 기호를 써서 표시하거나 색깔이 있는 형광펜으로 칠해준다.

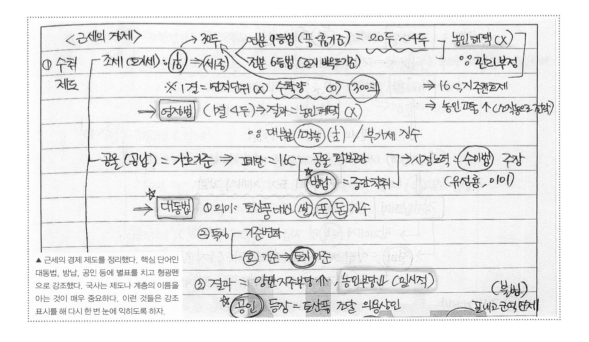

▲ 근세의 경제 제도를 정리했다. 핵심 단어인 대동법, 방납, 공인 등에 별표를 치고 형광펜으로 강조했다. 국사는 제도나 계층의 이름을 아는 것이 매우 중요하다. 이런 것들은 강조 표시를 해 다시 한 번 눈에 익히도록 하자.

5-3. 쌍곡선

① 정의

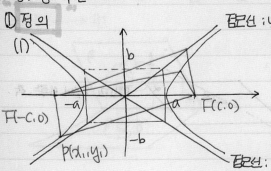

(1)

접근선: $y = \frac{b}{a}x$

$* \quad \dfrac{x^2}{a^2} - \dfrac{y^2}{b^2} = 1$

$* \quad |\overline{PF} - \overline{PF'}| = 2a$ (주축의 길이)

$\begin{cases} c^2 = a^2 + b^2 \\ \text{"접근선"}: \pm\dfrac{b}{a}x \end{cases}$

접근선: $y = -\frac{b}{a}x$

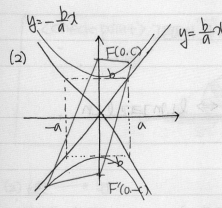

(2)

$y = -\frac{b}{a}x$ $y = \frac{b}{a}x$

$* \quad \dfrac{x^2}{a^2} - \dfrac{y^2}{b^2} = -1$

$* \quad |\overline{PF} - \overline{PF'}| = 2b$ (주축의 길이)

$\begin{cases} c^2 = a^2 + b^2 \\ \text{"접근선"}: \pm\dfrac{b}{a}x \end{cases}$

② 평행이동 ; "중심"의 이동!

③ 접선의 방정식 ⟶ 2008' 9月 평가원.

(1) 기울기를 알때 ; $y = mx + \sqrt{a^2m^2 - b^2}$

(2) 지나는점, 곡선위의점을 알때 ; $\dfrac{x \cdot x_1}{a^2} - \dfrac{y \cdot y_1}{b^2} = \pm 1$ $\left] \begin{array}{l} \dfrac{x^2}{a^2} - \dfrac{y^2}{b^2} = 1 \text{ 일때} \end{array} \right.$

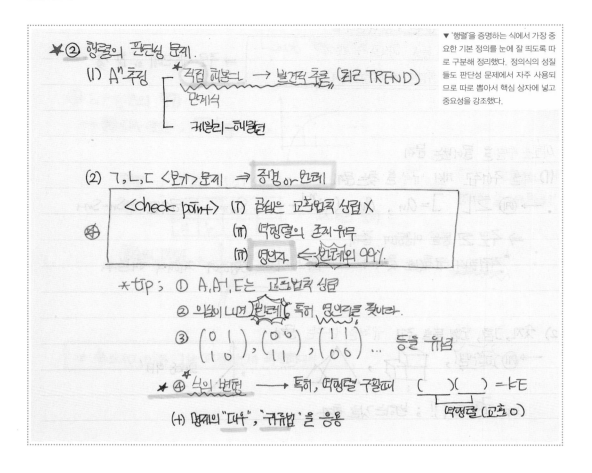

▼ '행렬'을 증명하는 식에서 가장 중요한 기본 정의를 눈에 잘 띄도록 따로 구분해 정리했다. 정의식의 성질들도 판단성 문제에서 자주 사용되므로 따로 뽑아서 핵심 상자에 넣고 중요성을 강조했다.

❷ 핵심 상자를 활용하자 | 자신이 중요하다고 판단한 내용을 정리했는데도 나중에 다시 노트를 보면 무엇이 가장 중요한 내용인지 바로 찾지 못하는 경우가 있다. 그렇기 때문에 핵심 중에서도 가장 핵심이 되는 내용을 뽑아서 정리해두는 습관이 필요하다. 이를 위해 매 쪽마다 그중에서 중요한 내용들을 집어넣는 자신만의 핵심 상자를 만드는 방법이 있다. 핵심 상자는 가장 중요한 내용, 즉 알짬들만 들어갈 수 있는 곳이다. 그렇게 하면 노트 정리를 하면서 어떤 내용이 알짜일까 생각하게 되고 저절로 중요한 것부터 우대하는 습관을 가질 수 있다.

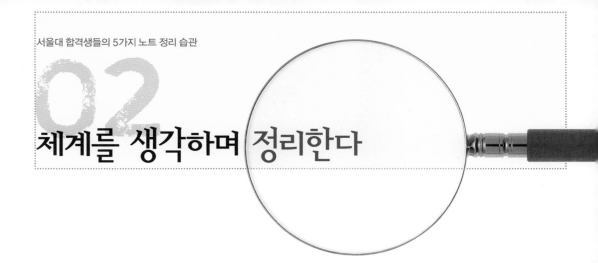

02 체계를 생각하며 정리한다

모든 지식은 끈으로 연결되어 있다

우리가 학교에서 배우는 교과서에는 방대한 양의 지식과 정보가 실려 있다. 워낙 다루는 범위가 넓고 종류도 다양해 이 모든 내용들을 하나씩 독립된 내용으로 접근하면서 공부하면 절대로 다 파악할 수 없다. 단편적으로 알고 있는 지식은 일시적으로 머릿속에 남아 있을 수 있지만 시간이 지나면 금방 사라진다. 구조와 맥락 속에 있지 않기 때문이다. 이 세상의 지식들은 모두 약하든 강하든 다른 내용들과 '연관성'이라는 끈에 의해 얽혀 있다. 연관성이 강하고 많은 내용은 머릿속에 더 확실히 기억되고, 연관성이 약하고 적은 내용은 점점 희미해진다.

■**지식을 나와 가깝게 만드는 방법** | 여기서 연관성은 논리적 연관성만을 의미하지 않는다. 지식과 논리적인 관련은 없으나 지식에 쉽게 다가설 수 있는 방법을 통해 연관성을 만들어낼 수 있다. 자신이 좋아하는 것에 지식을 접목시켜 공부하는 것이다.

예를 들면 영단어를 외울 때 그냥 외우는 것보다 그 단어들로 재밌는 이야기를 만들어 외우면 훨씬 기억에 잘 남는다. 조선 시대 왕의 이름을 외울 때도 노랫가락을 붙여 외우면 더 잘 외워진다. 초승달과 그믐달이 뜨는 순서와 모양에 대해서는 발레 동작을 할 때 먼저 들어올리는 오른팔이 만들어내는 모양이 초승달이며, 나중에 들어올리는 왼팔의 모양이 그믐달이라고 기억하면 잘 잊히지 않는다. 또 지식은 자신의 경험과 연관이 있어도 기억에 잘 남는다. 어릴 적 썰매를 많이 타본 학생이라면 얼음판에서 적용되는 운동

법칙을 공부할 때 더 관심이 생겨서 집중할 것이다. 이렇듯 지식은 친숙한 방법으로 연결 짓거나 자신의 경험과 연관 지으면 그 내용을 이해하고 기억하는 데 유리하다. 공부할 때도 이런 점을 활용하면 도움이 된다.

하지만 모든 지식을 자신에게 친숙한 방법으로 접목해 익힐 수 없고, 지식과 연관 시킬 수 있는 경험도 한계가 있다. 그렇다면 자신과 공통점이 약한 지식들은 결국 어렵게 공부할 수밖에 없는 것일까?

연관성을 바탕으로 정리하기

자신과 연관성이 없는 낯선 지식들을 친숙하게 느끼며 공부할 수 있는 방법이 하나 있다. 내용들 간의 연관성과 체계를 이해하는 것이다. 수업에서 다뤄지고 교과서에 나오는 내용들은 제각각 떨어져 있는 것이 아니다. 많은 내용들이 이미 서로 연관되어 있다. 교과서는 큰 틀과 흐름에서 갈래갈래 나온 세부 내용으로 구성되어 있기 때문에, 내용들 간에는 상위 개념이나 하위 개념 같은 포함 관계도 있고 서로 차이점이 있기도 하다. 전체 흐름에서 차지하는 위치와 의미가 특별한 내용도 있고, 다른 데서 파생되어 나온 내용도 있다. 큰 흐름과 더불어 구조와 체계가 존재하는 것이다. 이를 파악하지 못하면 장님 코끼리 만지듯 전체를 보지 못하고 부분에만 매달려 공부하는 꼴이 된다. 체계를 생각하며 정리하는 습관은 숲과 나무를 파악하듯 전체적인 흐름을 놓치지 않게 해준다. 일차적으로는 숲을 볼 수 있게 도와주며, 이차적으로는 각각의 나무를 잘 정렬하고 구분할 수 있도록 도와준다.

내용의 체계를 살핀다

공부한 만큼 실력이 쌓이지 않는 학생들에게 곧잘 나타나는 문제점 중의 하나는 공부했던 시간이 지나면 자신이 기억하는 내용이 어떤 단원이었는지, 어느 부분을 잊어버렸는지 알지 못한다는 것이다. 그래서 또다시 암기하고, 처음부터 공부를 반복한다. 이렇게 되면 '밑 빠진 독에 물 붓기'처럼 공부는 해도 해도 끝이 없게 된다. 이러한 문제는 단지 더 열심히 외우고 공부한다고 해서 해결되지 않는다. 공부하는 방법, 즉 머릿속에 내용을 집어넣는 방식을 바꿔야 한다. 모든 내용을 일일이 각각 공부할 게 아니라 다양한 연결고리로 내용을 묶어가며 공부해야 한다. 이렇게 해놓으면 머릿속에서 뒤섞이거나 기억에서 사라지지 않는다. 연결고리에 묶인 내용들이 하나의 체계를 이루기 때문이다. 특정한 내용이 기억나지 않을 때는 연결고리에 함께 묶인 다른 내용과 연관하여 떠올릴 수 있다. 또 헷갈리는 내용은 더욱 강한 연결고리를 찾아 체계 속에 엮어줌으로써 기억을 견고히 할 수 있다. 무엇보다 체계를 파악하면 각각의 내용들을 다 이해하고 암기해야 한다는 부담감에서 벗어나 효과적으로 공부할 수 있다.

체계를 생각하며 노트를 정리하기 위해 서울대 합격생들은 내용의 목차와 범주를 파악했다. 그리고 내용의 구조와 맥락을 정리하기 위해 표를 활용했다.

목차와 범주를 파악하며 정리한다

How to take a note?

Q. 수험생 후배
창피하지만 가끔 내가 어느 부분을 공부하고 있는지 까먹을 때가 있어요. 이 내용은 어디서 나온 건지도 잘 모르겠고 결국 나중에 다시 공부할 때가 많아요. 어떻게 해야 하나요?

A. 서울대 합격생 선배
공부하다 보면 방대한 내용에 휩쓸려 자신이 어느 부분을 공부하고 있는지 방향을 잃을 때가 있어요. 파도가 출렁이는 바다 위에서 배가 떠 있는 위치를 파악하려면 부표를 고정시켜놓아야 하듯이, 공부할 때도 부표를 고정시켜놓는 습관이 필요해요. 공부에서의 부표는 바로 목차예요.

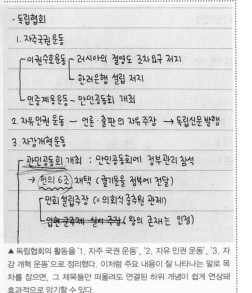

▲ 독립협회의 활동을 '1. 자주 국권 운동', '2. 자유 민권 운동', '3. 자강 개혁 운동'으로 정리했다. 이처럼 주요 내용이 잘 나타나는 말로 목차를 잡으면, 그 제목만 떠올려도 연결된 하위 개념이 쉽게 연상돼 효과적으로 암기할 수 있다.

❶ 목차에 따라 정리해 흐름을 잡자 | 여러 번 공부해서 교과서의 거의 모든 내용을 숙지하고 있는 상태가 아닐 때는 여러 개념들이 머릿속에 뒤엉켜 혼란스러운 경우가 많다. 국사 등 역사 과목에서는 유사한 개념이 각 시대별로 나온다. 맥락이나 전후 관계에 대한 이해가 부족한 경우, 분명 그 개념에 대해 공부했는데도 어느 시대인지 구분하지 못하는 경우가 종종 있고 이것은 결국 오답을 부르기도 한다. 수학 과목 역시 각 단원의 핵심 내용과 개념을 전체적으로 파악하지 못하면 문제를 풀 때 어려움을 겪는다. 문제가 어떤 단원에서 나왔으며, 어떻게 접

If you dream it, you can do it.

2. 통일정책과 남북교류

─① 남북한의 대치 (1950 ~ 60's)
  1) 이승만 정부 : 북진 통일론, 반공 정책, 진보당사건, 54년 북한이 총선거 제안 → 북한만의 총선거 주장   남북한   이승만,
  2) 장면내각 : 유엔 감시하 남북한 총선거 주장, 선경제건설 후통일 제시
        민간: 학생차원 - 중립화 통일론, 남북학생회담과 학생친선 체육대회 제의 (↔ 정부저지)

  3) 박정희 정부 : 반공을 국시로, 선건설 후통일론 제시
  4) 북한 : 남북한 총선거 제안 (1954), 연방제 통일방안 제시 (1960's 초), 무장간첩침투 (1960's 후)   1·21 사태 (1968)

─② 남북대화의 진전 (1970 ~ 80's) (← 1970's 초 긴장완화 (낙독탕트)) 그리고 진전 (1990's 이후)
  1) 통일 정책의 변화
      · 남북적십자 회담 (1971, 민간차원)
   ★ · 7·4 남북공동성명 (1972) : 처음으로 정치적 통일 논의, 통일의 3대원칙합의 → 독재체제강화, 남북조절   자주, 평화, 민족대단결
      · 6·23 평화통일 외교정책 선언 (1973) : 원칙 구체화, 남북한 유엔 동시 가입제안, 모든국가에 문호개
      · 북한- 고려연방제 제시 (1973)

  2) 남북한의 통일방안 및 대화의 출발 (1980's)
      · 남한 : 민족화합 민주 통일 방안 제시 (1982, 전두환정부), 남북한 총선거 통한 통일 민주공화국 수립
      · 북한 : 고려 민주 연방 공화국 창립 방안 (1980) - 국가보안법 철폐, 미군철수 전제
      · 서해에 흉수 → 1984. 북한, 수재민 구호물품 지원 → 1885. 고향방문단 (이산가족), 예술단 - 왕래

  3) 남북 관계의 새로운 진전 (1990's 이후)
      · 노태우정부 : 7·7 선언 (1988, 올림픽 때문), 남북한 유엔 동시 가입 (1991)
        ★ 남북고위급 회담 - 남북기본합의서 (1991), 한반도 비핵화 동시 선언
      · 김영삼정부 : 한민족 공동체 3단계 통일방안 제시 (1994), 북한에 경수로 사업 추진 (1996)   (화해·협력 → 남북연합 → 통일국가) + 3원칙 제시 (자주, 평화, 민주)
      · 김대중정부 : 베를린 선언 (2000) - 남북경협 통한 북한 경제 회복 지원,   냉전종식, 평화공존, 남북한 양국 대화 추진
        ★ 6·15 남북공동 선언 (2000) - 최초 남북정상 회담, 이산가족 상봉, 경의선 복구 사업, 개성공단 설치 (2002) 등

* 경수로 …
북. NPT …
미. 북에
→합의 […
    ↓
제네바합의

─③ 국제 정세의 변화와 평화 통일의 과제
  1) 냉전체제 붕괴 : 독일 통일 (1990), 동유럽 공산권 몰락, 소련의 해체 (1991)
  2) 경제 경쟁 체제 : 우루과이라운드 (1993), WTO 출범 (1995) - 자유경제, 자국 경제블록화
  3) 평화통일 과제 : 평화공존추구, 남북 경제 공동체 건설

...연과 사회문화의 변화

...제혼란과 전후 복구 (50~60's)

1) 광복직후의 경제혼란

1) 일제강점기 경제 상황: 일제 - 자본, 기술 독점, 민족기업 성장 억제 / 경제 구조 불균형 (북한 - 중화학, 남한 - 경공업 중심)

2) 광복직후 경제 상황: 분단으로 경제 교류 단절, 전기공급 중단 / 해외동포의 귀국, 월남 → 인구증가, 식량부족, 물가폭등

마군정: 식량배급제 → 미곡자유화 but 물가폭등 → 미곡수집령 → 사량등 불하

(자본주의에 바탕이 된 정책)   상인, 지주's 매점매석   (매점)   중경기, 원가가격↓   (투하물인)

2) 이승만정부의 경제 정책

1) 귀속재산처리: 미군정때 - 신한공사에서 관리 → 민간인 연고자에게 불하 ⇒ 정경유착, 독점자본형성

2) 농지개혁: 3정보 상한, 유상매입·유상분배 → 지주제 소멸 (소작쟁의↓)   cf. 북한's 토지개혁: 5정보 상한, 무상몰수 무상분배, 토지국유

3) 원조경제: 소비재 중심, 삼백산업 (제분, 제당, 섬유) 발달 → 농업기반파괴, 소비재 산업↑, 원자재수입에 의존

미국 잉여농산물   →원조   한국정부   →유상판매   민간

무상 (52~58)   ㄴ 대충자금 (非미국비판: 무기구입, 주한미군 주둔경비)

4) 1950's 후반: 미국 경제 원조액 삭감, 유상으로 곡물지급 → 경제 불황 → 경제개발 (7개년) 계획수립 → 4·19로 실행X

경제성장과 자본주의의 발전 (70's~) 및 사회의 변화

1) 경제개발 5개년 계획 추진

> **이중곡가제**: 국가가 상면 비싸게, 방면 싸게
> 농촌경제 안정목적 but 현재 국가가 빚어지면서
> 절대적 가격은↓ (노동자복지 ↑ - 기업↑)

1) 장면내각: 경제 개발 5개년 계획 마련 but 5·16 군사정변으로 중단

2) 박정희정부: 수출주도형의 성장 우선 정책 추진, 외자도입에 노력 (→ 한·일 협정, 베트남파병), 저임금 저곡가 정책 ⊕

• 1·2차 경제 개발 계획 (1962*~71): 기간산업 및 사회간접자본 확충, 경공업 (가발, 봉제 등) 중심

• 1960's 후반: 차관 상환 시기 도래로 경제위기

• 3·4차 경제 개발 계획 (1972~81): 중화학 공업육성, 중동진출, 새마을 운동

  ✚ 새마을운동 (1970): "근면·자조·협동" 강조, 농어촌 근대화 추진 but 장기집권수단, 농촌 겉모양만 치중

• 1970's 노동운동: 노동운동 관심↑, 전태일분신사건 (1970), YH여공 무역 사건 (1979) → 유신체제 붕괴

• 국민소득↑, 산업중심으로 부상 but 빈부격차↑, 농촌피폐, 노동운동탄압, 공해 등...

2) 1980's 이후의 경제

1) 1980 전후: ⊖경제성장 - 2차석유파동 (1979), 중화학 공업에 대한 중복·과잉투자, 정치불안정 (10·26, 12·12)

2) 전두환정부: 저임금 정책유지, 노동기본권 제한 → 6월민주항쟁 이후 대규모 노동운동
   중화학 공업투자 조정, 3저호황 (저금리, 저물가, 저달러)으로 위기 극복
   (도발기 공업 혼리가 수출하기 EASY!!)

3) 김영삼정부: 금융실명제 실시, 민주총(1996)설립 (노동시장 자유화에 맞서), 전교조합법화,
   신경제 5개년 발표 (1993) but 외환위기 (1997)

4) 김대중정부: IMF 극복 - 금모으기 운동, 노사정 (노동자, 사용자, 정부) 위원회 구성, 신자유주의 경제체제

▲ 한국근현대사 교과서의 목차를 거의 그대로 활용했다. 교과서가 설명하고자 하는
내용의 알맹이만 뽑아 목차로 만들면 공부할 내용의 전체 구조를 잡을 때 유용하다.

근해야 할지를 모르기 때문이다. 전체 내용의 맥락과 체계를 잡기 위한 가장 쉽고 확실한 방법은 목차를 활용하는 것이다.

교과서의 맨 앞쪽에는 그 내용이 어떻게 구성되어 있는지를 보여주는 목차가 있다. 목차를 보면 교과서의 핵심 내용을 예측할 수 있으며, 교과서의 전체 구조와 맥락을 큰 시야에서 파악할 수 있다. 노트 정리를 할 때 교과서의 목차를 기준으로 삼으면 교과서의 논리 체계를 그대로 이용할 수 있기 때문에 효율적으로 흐름을 숙지할 수 있다. 목차에서 대단원부터 소단원까지의 제목을 먼저 파악하고, 내용을 간결히 요약해 노트에 정리한다.

❷ 세부 항목들은 범주를 명확히 구분하자 | 목차에 맞춰 세부 항목들을 모두 정리하려고 들면, 배보다 배꼽이 더 큰 노트 정리가 되고 만다. 또 세부 항목들을 무작정 외우려고 하면 다른 내용과 뒤섞여 혼란이 가중되기 쉽다.

따라서 미리 짜놓은 목차에 따라 반드시 알아야 할 세부 항목만 추려 비슷한 내용끼리 묶은 다음, 범주를 구분하고 상위와 하위 관계에 있는 내용은 개념 구조를 명확히 해 노트에 정리한다.

The Four Seasons of

5) 평화통일 지향

제4조   ~ 자유 민주적 기본 질서에 입각한 평화

제66조 제3항   대통령은 조국의 평화적 통일을

① 평화통일 조항 : 우리나라의 국가적 목표, 헌법의 7

1972년 유신헌법에서 신설

② 평화통일 규정 : ㄱ. 제66조 제3항

ㄴ. 대통령 취임시 선서 , 평화통

ㄷ. 국민투표 가능 ← 국민적 정

02. 국민의 권리와 의무

1 기본권의 본질

1) 인권

* 자연법과 실정법

• 자연법 : 인간과 사물의 본성에 근거하여

• 실정법 : 경험적 · 역사적 사실에 의한 성립

ex) [성문법 : 명확히 문서화 되어있는 ㅂ
     [불문법 : 관습법, 판례법

2) 기본권의 성격

① 천부인권 사상 : ㄱ. 인간은 태어날 때부터

ㄴ. 사회계약설의 바탕

ㄷ. 우리헌법 제10조 → 7

② 실정권 사상 ; 기본권은 국가의 헌법 안에서

→ 국가가 실정법을 제정하여

ex) 제37조 제2항

▲ 목차를 적을 때 대단원과 소단원의 구분이 쉽도록 제목에 번호를 붙였다.

02_2.
표를 활용해 정리한다

❶ 비교하는 표를 작성하자 | 비슷한 개념이나 현상, 사건 등의 내용은 공통점이나 차이점을 비교하며 공부해야 한다. 비교할 때는 내용을 요약해 나열하는 것보다 표로 정리하는 것이 좋다. 표에 선을 긋고, 항목을 비교하고 칸을 채워나가는 동안, 머릿속에 있는 개념과 개념 사이에도 마치 선이 그어지는 것처럼 명확하게 구분된다. 각 개념에 대해 정확히 이해할 수 있을 뿐만 아니라 다른 개념과의 관계도 파악하면서 정리하는 것이기 때문에 내용을 잊지 않고 덩어리로 기억할 수 있으며, 이해도 더 잘된다. 열쇠를 열쇠고리에 엮어놓으면 잃어버릴 염려가 적어지는 것과 같은 이치다.

> **Q. 수험생 후배**
> 비슷하거나 관련된 내용들이 너무 많아서 헷갈리고 잘 까먹어요. 어떻게 공부해야 좋을까요?
>
> **A. 서울대 합격생 선배**
> 비슷한 내용은 함께 다루지 않으면 헷갈려서 잘 기억하지 못할 수 있어요. 또 서로 비교해보지 않으면 특성을 정확히 파악하기도 어렵지요. 세세한 내용을 각각 공부하는 것도 중요하지만 한꺼번에 같이 공부할 때 더욱 효과적이에요.

	삼국시대	통일신라 / 발해	고려
불교	入 고구려 - from전진. 소수림왕 백제 - from동진. 침류왕 (신라) - from 고구려. 법흥왕 → ex) 업설. 불교식 왕명 원광(세속오계) 미륵불신앙 (화랑)	(원효) - 정토종. 아미타사상 왕생 불교의 대중화 의상 - 화엄종. 전제왕권발전에기여 혜초 - 왕오천축국전 인도지역 * 교종 - 경전. 교리 연구. 왕권↑ (선종) - 참선중시. 선문9산. 개인적 개혁적. 승탑 (신라말~고려) related to 호족 + 6두품 → 풍수지리설: 선종승려들 수용 신라정부권위↓	의천 - 천태종. 교선통합. 교관겸수 지눌 - 조계종. 선교 통합. 정혜쌍수 돈오점수 혜심 - 유불일치설 (성리학 수용토대 마련) * 호국불교: 대장경. 승병 풍수지리설 유행 (개경 길지설, 개성 서경길지설. 남경길지설) 평양 한양
유교	고구려 - 태학. 경당 백제 - 박사제도 신라 - 임신서기석	통일신라 - 국학. 독서삼품과 발해 - 주자감. 빈공과 급제	국자감. 과거제도 (광종) 성종 (최승로 시무28조) 유교의 정치이념화 사학 (최충헌) / 관학 (김부식)
도교	고구려 - 강서고분사신도 백제 - 산택지적비문 (노장사상) 금동대향로 (도+불) 산수무늬 벽돌	교단형성 x . 조세 미산적요소	조세. 팔관회

▲ 불교, 유교, 도교가 나타나는 양상을 나라별과 시대순으로 나눠 표로 그렸다. 표로 정리하면 각 개념을 어느 칸에 넣을지 생각하면서 내용을 재확인하게 되고, 다시 볼 때도 한눈에 비교해볼 수 있다.

서울대 합격생들의 5가지 노트 정리 습관

03

논리적으로 설명하며 정리한다

알고 있는데 설명할 수 없다?

친구에게 어떤 개념이나 원리, 문제의 풀이 과정 등을 설명해줬던 경험이 있다면 한번 떠올려보자. 친구가 '이게 왜 이렇게 되는 거야?'라고 물어봤을 때 선뜻 대답을 하지 못했던 경험이 있을 것이다. 문제는 그럭저럭 잘 푸는데 왜 그런지 자세히 설명해보라면 말문이 막히는 경우가 많다. 심지어 원리에 대해서는 '그냥 그렇게 되는 거야'라고 달리 설명할 방법이 없는 것처럼 느껴지기도 할 것이다. 정말 그 정도로만 설명할 수밖에 없을까? 친구에게 설명해줄 수 없는데 자신이 정말로 알고 있다고 확신할 수 있을까?

■**족집게식 공부를 벗어나 논리적 사고로 공부하기 |** 많은 학생들이 학원을 다니거나 참고서를 보며 공부한다. 원리를 명쾌하게 설명해주는 학원 선생님의 강의를 듣고 있으면 이해가 저절로 되는 것같이 느껴진다. 참고서 역시 핵심 원리를 일목요연하게 정리해주니 편하다. 그러나 학원 강의와 참고서는 지식과 정보를 매우 압축적으로 전달하기 때문에 원인과 결과가 중간 과정에 대한 설명 없이 눈앞에 바로 보여주고, 왜 그렇게 되는 것인지 스스로 생각할 틈을 주지 않는다. 인과관계 속에 숨어 있는 논리를 파악하지 못하고 넘어가는 것이다. 암기하듯이 원인과 결과를 공부해도 답은 맞힐 수 있다. 그렇게 답을 맞히게 되면 빠르게 다음 진도로 넘어갈 수 있고 성적이 일시적으로 오를 수 있다. 이른바 '주입식 교육'의 특징으로 지식과 정보를 습득하는 데 아주 효율적이다. 주입식 교육에 의한 공부는 시간이 많이 주어져 있지 않은 수험생들이 상대적으로 많은 양을 공부할 수 있다

는 장점이 있지만, 다른 한편으로는 논리적 사고를 저해한다는 단점이 있다.

막히는 부분을 뚫어 명확히 이해하자

'알고 있는데 설명을 못하겠어'라는 말을 다시 생각해보자. 물론 어떤 경우는 표현 능력이 부족해서 자신이 이해한 만큼 전달하지 못할 수도 있다. 하지만 많은 경우에는 실제로 제대로 이해하지 못하고 있기 때문에 설명을 잘하지 못하는 것이다. 이처럼 설명을 해보면 자신이 어떤 부분에서 막히는지 적나라하게 드러난다. 사고하는 과정을 글로 설명한다는 생각으로 노트에 한번 정리해보자. 논리적 흐름에 주목하며 이야기하듯 정리하는 것이다. 논리를 이해할 때 가장 중요한 것은 인과관계와 전개 과정을 파악하는 것이다. 설명하는 것처럼 정리하는 습관을 가지면 논리적인 흐름에 집중하며 글을 쓰기 때문에 어렴풋이 알고 있는 내용을 확실하게 정리할 수 있다. 또 어떤 부분에서 막히는지 스스로 깨닫기 때문에 부족한 부분을 효과적으로 보충할 수 있다.

한 꺼풀 속의 논리를 깊이 탐구하자

원리는 양파와 같은 구조를 띤다. 겉껍질에는 현상과 결과만이 드러나 있다. 그러나 한 꺼풀 속을 들여다보면 현상의 원인들이 어떠한 상호작용 속에서 겉으로 드러나는 결과를 만들어내는지 볼 수 있다. 논리적 이해가 필요한 과목에서는 한 꺼풀 속의 논리를 깊이 이해하기

위해 탐구하는 자세가 중요하다. 공부하는 개념이나 원리를 노트에 설명하듯이 정리하는 습관은 항상 겉껍질보다는 그 속을 들여다볼 수 있게 해준다. 많은 서울대 합격생들이 노트에 말하듯이 정리했거나 해설지를 만들었다. 논리적 흐름을 이해하는 데는 설명하듯 정리하는 습관이 큰 도움이 된다.

습관 따라잡기 03_1.
원리를 논리적으로 설명하며 정리한다

Q. 수험생 후배
공부하다 보면 아무 생각 없이 내용을 받아들이고 있는 나를 발견할 때가 있어요. 논리적으로 사고하면서 공부를 하려면 정말 어떻게 해야 할까요?

A. 서울대 합격생 선배
너무 많은 시간 동안 공부하면 자연스럽게 머리가 둔해져서 내용을 깊이 이해하지 못하고, 심한 경우에는 후배님처럼 아무 생각 없이 받아들이게 돼요. 원리가 중요한 과목을 이렇게 공부하면 알게 되는 것은 단지 몇 개의 용어일 뿐, 뭐가 어떻게 되는지 파악하지 못하죠. 이야기하듯이 노트에 정리하는 습관은 이럴 때 필요해요. 초점을 놓치지 않고 논리적 흐름 자체에 집중할 수 있거든요.

❶ **숨어 있는 원리를 파악하고 설명하자** | '왜?'라는 질문은 탐구하는 자세의 핵심이다. 통계 자료, 도표, 그림, 그래프 등을 공부할 때는 항상 왜인지 질문을 던져볼 필요가 있다. 실험이나 현상도 마찬가지다. 물론 혼자서 질문을 던지고 그 답을 찾아 설명을 할 수 있을 만큼 이해하는 데는 오랜 시간이 걸린다. 다행히 우리 주변에는 설명이 잘 정리된 참고서가 많다. 참고서의 자세한 설명을 읽어보고 나서 스스로 설명하듯 노트에 정리해보자. 여기서 주의할 점은 꼭 자신의 말로 풀어 써야 한다는 것이다. 참고서의 설명을 읽을 때는 '왜?'라는 질문이 잘 던져지지 않는다. 내용을 일단 받아들이는 것이 목적이기 때문이다. 그러나 내용을 이해한 다음 노트에 자신의 말로 풀어 직접 손으로 쓰는 과정에서는 '왜?'라는 질문이 자연스럽게 던져지고 그 질문에 대한 답을 스스로 탐구해나갈 수 있다. 설명하듯 정리하는 습관은 원리를 제대로 이해할 수 있는 가장 효과적인 방법이다.

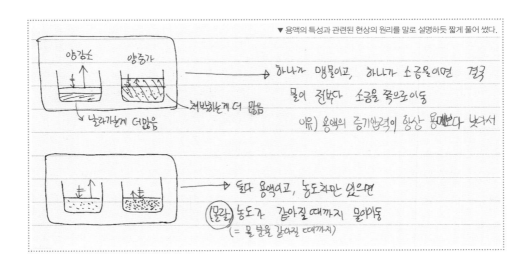

▼ 용액의 특성과 관련된 현상의 원리를 말로 설명하듯 짧게 풀어 썼다.

다음은 복사 역전층의 생성을 알아보기 위한 실험이다.

밤 사이에 지표면의 복사 냉각이 심해질 때 지표 부근의 공기가 함께 냉각

실험 과정 되어 생성된다.

Ⅰ. 3개의 온도계를 높이가 다르게 스탠드에 매단다.

Ⅱ. 오른쪽 그림과 같이 온도계를 물이 $\frac{2}{3}$쯤 들어 있는 수조
   속에 담근다. → 수조 아래 부분을 냉각시켜야 한다.

Ⅲ. 물이 들어 있는 수조를 얼음을 채운 커다란 수조 위에 올려놓는다.

Ⅳ. 각 온도계의 눈금이 더 이상 변하지 않을 때 온도를 읽고
   기록한다. 역전층이 형성되면 대류가 일어나지 않으므로 수조바닥에 떨어뜨린 잉크들

Ⅴ. 스포이트를 이용하여 잉크를 수조의 바닥에 떨어뜨리고 잉크가 퍼지는 모양을 관찰한다.
   상하로 퍼지지 않고 옆으로만 천천히 퍼지게 된다.

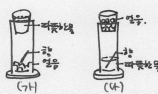

⑤ 양쪽 각 실린더에 불 붙인 향을 넣어
연기 움직임 관찰

(가)   (나)

역전층이란 대류권에서 위로 올라갈수록 기온이 높아지는 층이다. 복사 역전은 밤 사이에
지표면의 냉각이 심해질 때, 지표면에 가까운 공기일수록 냉각이 심해   생성된다.
이러한 역전층은 낮과 밤의 기온차(일교차)가 큰 늦가을~이른 봄의 시기의 맑고
바람이 약한 날 밤에 지표 부근에서부터 생성되기 시작해서 기온이 가장 낮은 해
뜨기 직전에 가장 두껍게 형성된다

(가)에서는 위로 갈수록 온도가 높아지는 역전층이 형성된다. 따라서 공기의 대류가
일어나지 않으므로 향 연기가 위 아래로 퍼지지 않는다.

(나)의 경우는 연기가 위 아래로 활발히 움직인다. 따라서 이러한 기온 분포를
보이는 때는 지표 부근에서 발생한 오염 물질이 위로 활발하게 확산되으로
대기 오염이 줄어든다.

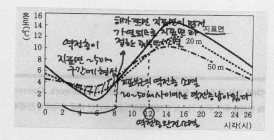

▲ 역전층의 생성 원리를 알아보는 실험 과정을 정리했다. 역전층을 확실히 이해하기 위
해 정의부터 형성 과정, 특성까지 모두 말하듯이 설명하는 방법으로 풀어 썼다.

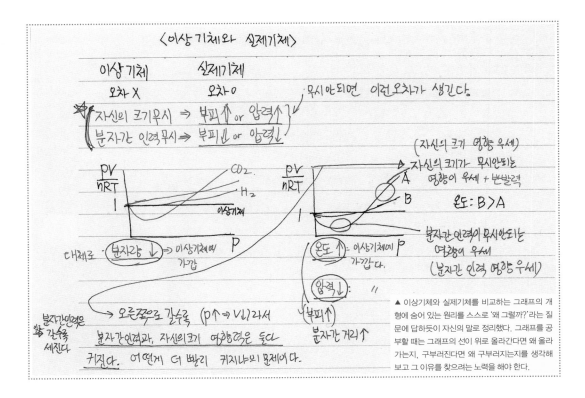

▲ 이상기체와 실제기체를 비교하는 그래프의 개형에 숨어 있는 원리를 스스로 '왜 그럴까?'라는 질문에 답하듯이 자신의 말로 정리했다. 그래프를 공부할 때는 그래프의 선이 위로 올라간다면 왜 올라가는지, 구부러진다면 왜 구부러지는지를 생각해보고 그 이유를 찾으려는 노력을 해야 한다.

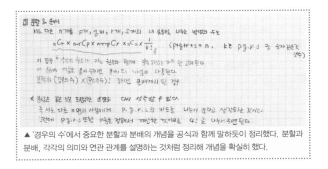

▲ '경우의 수에서 중요한 분할과 분배의 개념을 공식과 함께 말하듯이 정리했다. 분할과 분배, 각각의 의미와 연관 관계를 설명하는 것처럼 정리해 개념을 확실히 했다.

❷ 공식과 법칙의 의미를 이해하고 설명하자 | 공식과 법칙은 어떤 문제를 풀거나 현상을 밝힐 때 자주 쓰이는 방법과 과정을 효율적으로 하기 위한 지름길과도 같다. 등산을 가면 간혹 등산로가 아닌 곳으로 길이 나 있는 것을 종종 볼 수 있다. 산을 잘 아는 사람들이 더 빨리 가기 위해 등산로를 벗어나 다니다 보니 길이 생긴 것이다. 하지만 지름길이라도 어디로 가는 길인지 알아야 그 길로 들어설 수 있다. 마찬가지로 공식과 법칙을 잘 활용하기 위해서는 그 의미를 제대로 알고 있어야 한다. 공식과 법칙을 외우는 것도 필요하지만 단순히 외우는 것만으로는 부족하다. 의미를 어느 정도 이해하고 있느냐에 따라서 적용이나 활용 능력이 결정되기 때문이다. 공식과 법칙을 공부할 때도 원리를 공부할 때처럼 '왜?'라는 질문을 던져보자. 그리고 스스로 답을 찾아나가면서 노트 정리를 해보자. 그냥 무작정 암기할 때보다 더 깊이 이해할 수 있고, 문제를 풀 때도 더 잘 활용할 수 있다.

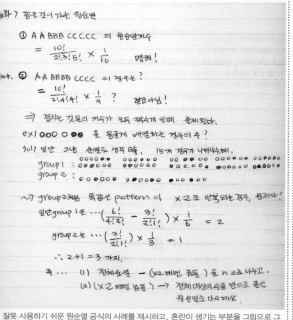

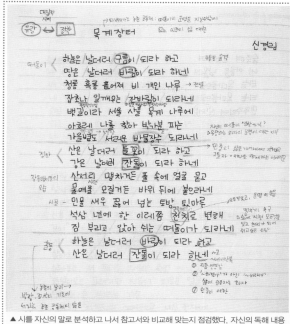

잘못 사용하기 쉬운 원순열 공식의 사례를 제시하고, 혼란이 생기는 부분을 그림으로 그려가며 차근차근 짚고 올바른 답을 도출했다. 헷갈리기 쉬운 부분을 꼼꼼히 점검하고 왜 그런지 상세하게 확인하는 습관을 가지면 실수를 줄일 수 있다.

▲ 시를 자신의 말로 분석하고 나서 참고서와 비교해 맞는지 점검했다. 자신의 독해 내용을 참고서와 구분하기 위해 다른 색을 썼고, 자신이 잘못 이해했던 부분을 지우지 않고 남겨놓아 나중에 다시 볼 때도 생각의 방향을 점검할 수 있도록 했다.

풀이를 자세하게 설명하며 정리한다

❶ 다른 사람이 읽더라도 쉽게 이해되도록 설명하자 | 답을 맞혔어도 자신이 정확한 방법으로 풀어서 맞힌 것인지 확인해봐야 한다. 풀이 과정의 한 단계에서도 조금의 애매함이나 의문이 남아서는 안 된다. 애매함이 있다면 그 부분을 다시 공부해서 확실하게 짚고 넘어가야 한다. 자신의 풀이 과정을 스스로 점검하고 보완하고자 할 때는 다른 사람에게 보여줄 해설지를 만들어보자. 다른 사람

> **How to take a note?**
>
> **Q. 수험생 후배**
> 문제를 풀 때 어떻게든 답은 맞히겠는데 제대로 알고 푼 것 같지가 않아요. 어떻게 해야 하나요?
>
> **A. 서울대 합격생 선배**
> 원리를 제대로 이해하고 문제를 푼 것과 그렇지 않은 것은 시간이 지나면 티가 나요. 응용문제에서 바로 걸리기 때문이죠. 답을 맞히는 데 급급하지 말고, 문제에 접근하는 방식부터 최종 답을 구하기까지 해설지를 만들듯 정리해두면 어떤 문제든 잘 풀어낼 수 있어요.

을 이해시키려면 작은 부분까지 상세히 설명해야 한다. 이를 위해 자연스럽게 풀이 과정에 깊숙이 파고들고 그 과정에서 애매함과 의문이 줄어들어 내용을 정확히 이해할 수 있다. 스스로 만든 해설지를 친구에게 보여주고 이해가 되는지 물어보면서 함께 공부하면 오히려 자신의 실력이 향상되는 효과를 얻을 수 있다.

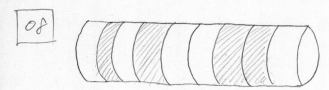

$< 4/16 \; \text{수} \; C >$

▼ 풀이가 까다롭고 복잡한 문제를 스스로 설명해보기 위해 해설지를 만들듯 차근차근 정리했다. 문제를 풀어나가는 과정을 단계별로 짚어가며 쉬운 글과 간단한 그림을 곁들였다. 누가 노트를 보더라도 문제의 풀이 과정을 쉽게 이해할 수 있도록 자세히 조목조목 설명했다.

08

흰 5
검 4 $\Big)$ 배열 가짓수

(단, 막대를 돌릴수 있다)

(양끝구별안함)

우선 돌리지 아니할 때 배열수는 $\dfrac{9!}{5!4!} = \dfrac{\overset{2}{98 \cdot 7 \cdot 6}}{4 \cdot 3 \cdot 2 \cdot 1} = \underline{126}$.

여기서 돌린다면 $(\times \frac{1}{2})$ 하기 쉬운데 ! 조심 !

↳ 대칭인거는 이미 1개로 섰음
그래서 돌려도 1개이다.

비대칭은
2가지로 셌지만
돌리면 1가지로 되므로
$\dfrac{\text{비대칭 개수}}{2}$ 를 해준다 !!

∴ 대칭수

배열수
$\dfrac{4!}{2!2!} = \boxed{6가지}$

똑같이 취함.

비대칭수 $= 126 - 6 = \boxed{120가지}$

∴ 돌릴수 있을때
나오는 서로다른 가짓수는
$6 + \dfrac{120}{2} = \boxed{66 가지}$

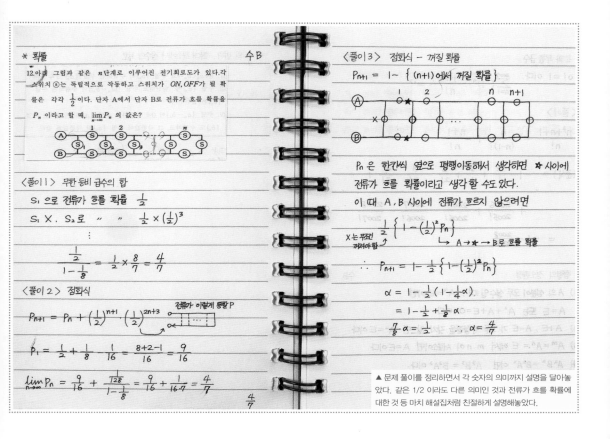

▲ 문제 풀이를 정리하면서 각 숫자의 의미까지 설명을 달아놓았다. 같은 1/2 이라도 다른 의미인 것과 전류가 흐를 확률에 대한 것 등 마치 해설집처럼 친절하게 설명해놓았다.

❷ 단어와 숫자 하나하나의 의미까지 설명하자 ┃ 문제에 대한 풀이를 정리할 때는 자신이 쓰는 단어, 숫자, 기호 등에 어떤 의미가 있는지 명확히 표시해 의사소통이 잘되도록 해야 한다. 풀이 과정을 정교하게 해설하려면 애매한 부분이나 오해의 여지가 있어서는 안 되기 때문이다. 이해에 도움이 되는 세세한 부분까지 명확히 정리하면 문제 풀이를 완전히 소화할 수 있다.

서울대 합격생들의 5가지 노트 정리 습관

04
한눈에 들어오도록 정리한다

한눈에 보이도록 나타낼 수 없을까

우리는 눈에 보이는 것을 대체로 믿는 경향이 있다. 사건을 목격한 사람의 증언은 재판에서 중요한 영향을 미치며, 마술이 눈속임인 것을 알면서도 막상 눈앞에서 보면 생각을 바꿔 순간을 믿기도 한다. 그만큼 시각적인 정보를 신뢰한다. 특히 그림이나 시각적인 이미지로 된 정보는 머릿속에 더 잘 기억된다. 이런 본능은 공부할 때도 유용하다.

■복잡하고 어려운 내용을 쉽게 이해하는 방법 | 무언가를 알긴 알겠는데 뚜렷한 상이 잡히지 않을 때가 있다. 어떤 원리를 이해한 것 같고 문제도 풀 수 있을 것 같은데 왠지 자신 있게 빨리빨리 감각적으로 떠올릴 수 없는 경우다. 하지만 안타깝게도 시험 시간은 정해져 있다. 문제를 푸는 것은 시간 싸움이다. 원리와 개념을 이해하는 것만으로는 부족하므로, 빠르고 논리적으로 해답을 생각해낼 수 있어야 하는 것이다.

서울대 합격생들은 자신이 공부한 내용을 하나의 이미지로 인식하는 방법을 많이 활용했다. 이미지로 인식한다는 것은 논리적으로 원리를 충분히 이해한 다음, 머릿속으로 마치 동영상을 재생하듯이 내용을 떠올려서 이미지 그대로 저장하는 것이다. 이때 제대로 저장이 되면 생각은 빨라진다. 마치 머릿속에 지도를 그려놓아 언제든지 지도를 펼쳐서 한 번에 목적지를 찾을 수 있고 근처에 무엇이 있는지 알 수 있는 것과 같다. 이처럼 머릿속의 이미지를 구축하는 데 도움을 주는 것이 한눈에 들어오는 시각적 자료를 스스로 만드는 것이다. 남이 만들어놓은 것을 보기보다 스스로 만들어보는 게 중요하다는 것은 두말할 필요가 없다. 만드는 과정에서 머릿속으로 공부한 내용을 동영상처럼 떠올리면서 이미지 지도를 스스로 그리는 것이기 때문이다.

흐름과 원리가 한 번에 읽히게

노트 정리를 할 때 말로 설명하기에는 너무 길고 복잡하며 어렵기까지 한 개념과 원리가 있다면 서울대 합격생들처럼 시각적 이미지로 나타내는 방법을 쓸 수 있다. 또 머릿속에 흐름이 잘 정리되지 않는다면 전체적인 흐름을 한눈에 볼 수 있도록 노트에 집약적으로 나타내볼 수도 있다. 전체적인 흐름을 짚으면서 그 핵심 내용을 정리하고, 개념이나 원리를 명확한 문장이나 그림으로 단순명쾌하게 정리하는 것이 한눈에 들어오도록 정리하는 습관이다. 내용을 압축하고 집약해 제한된 공간인 노트에 한 번에 읽히도록 정리하는 것은 결코 쉬운 일이 아니다. 곁가지 내용을 걸러내고 중심 내용을 추려내는 데 꽤 많은 시간과 사전 준비가 필요하다. 그러나 그것이 공부하는 과정이고, 이해하는 과정이다. 서울대 합격생들은 한눈에 들어오도록 하는 노트 정리 습관을 통해 일반적으로 공부해서는 쉽게 얻을 수 없는 큰 흐름에 대한 공부 지도를 머릿속에 넣었다. 그렇다면 지금부터 서울대 합격생들이 노트 한쪽에 내용을 집약시키고 한눈에 이해되는 그림으로 그렸던 방법들을 구체적으로 살펴보고, 한 번에 읽히도록 정리하는 습관을 따라 해보자.

다른 사람의 말만 듣고 길을 찾는 것, 인터넷으로 그냥 내려받은 지도를 보고 찾는 것, 꼭 필요한 정보를 자신이 직접 파악하고 정리해서 그려온 약도를 보고 길을 찾는 것은 실제로 엄청난 차이가 있다. 한눈에 들어오도록 정리하는 습관은 복잡한 지도를 한 장의 약도로 그릴 줄 아는 것과도 같다. 한눈에 들어오는 공간에 집약적으로 내용을 정리하면 전체를 보는 안목과 집중력을 높일 수 있다.

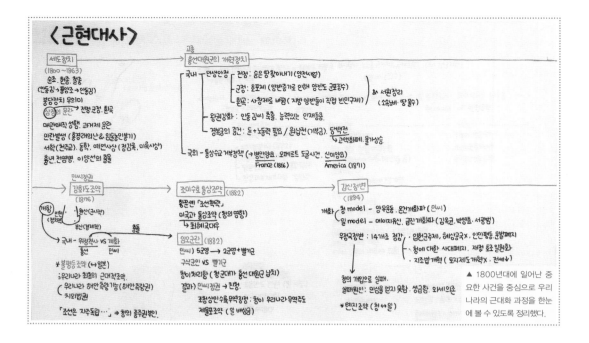

▲ 1800년대에 일어난 중요한 사건을 중심으로 우리나라의 근대화 과정을 한눈에 볼 수 있도록 정리했다.

How to take a note?

Q. 수험생 후배

열심히 외우고 문제도 자주 풀었는데도 전체적인 흐름을 묻는 문제만 나오면 자신이 없어요. 어떻게 해야 하나요?

A. 서울대 합격생 선배

많은 친구들이 세부 내용을 공부하는 데만 신경을 쓰고 전체적인 흐름을 정리하지 않은 채 넘어가기도 해요. 하지만 흐름을 정리하지 않으면 성적을 올리는 데 한계가 있어요. 노트 한쪽에 세부 내용이 한눈에 들어오도록 한번 정리를 해보세요. 나무보다 숲을 볼 수 있으니 흐름이 잘 보일 거예요.

습관 따라잡기 04_1.

한눈에 파악되도록 흐름을 정리한다

❶ 큰 항목을 추려 얼개를 만들자 | 전체를 정리하기 위해서는 세부 내용에 너무 얽매이지 말아야 한다. 정리하는 목적이 흐름을 한눈에 읽히도록 나타내는 것이기 때문이다. 먼저 큰 줄기가 되는 항목을 추려놓고, 그 항목들을 시간 순서나 인과관계 등의 흐름에 따라 기준 축을 구성해 노트의 한쪽에 배치시킨다. 일종의 얼개를 만드는 것이다.

❷ 세부 내용을 요약해 간결하게 정리하자 | 각 항목에 들어가는 세부 내용은 최대한 간단히 요약해 큰 흐름을 파악하는 데 방해가 되지 않도록 한다. 세세한 내용들이 너무 많으면 노트 한쪽에 다 들어갈 수 없을 뿐만 아니라 알맹이보다 쭉정이가 더 많은 셈이 되어버린다. 한눈에 들어올 수 있을 만큼 간결하게 그림이나 도표 등을 활용해서 핵심 위주로 정리하도록 한다.

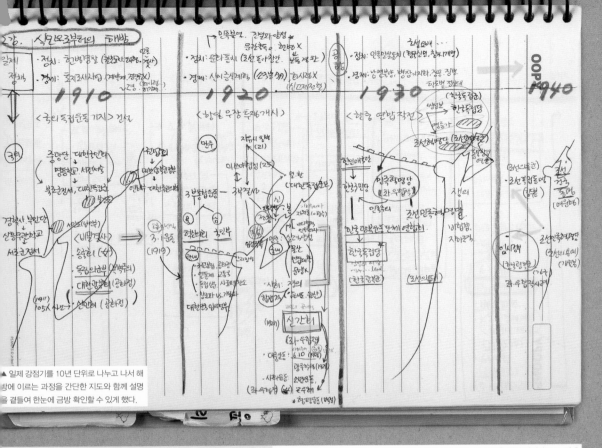

▲ 일제 강점기를 10년 단위로 나누고 나서 해방에 이르는 과정을 간단한 지도와 함께 설명을 곁들여 한눈에 금방 확인할 수 있게 했다.

근현대의 정치변동

▼ 근현대 정치의 변동 과정을 종이 한 장에 압축해 정리했다. 큰 사건을 먼저 배치하고 그 밑에 간단한 요약 설명만 추가하는 방식으로 무엇보다 흐름을 이해하는 데 중점을 두었다.

•고종즉위(1863) → 병인양요(1866) → 신미양요(1871) → 강화도조약(1876) ──→ 임오군란(1882)

→ 갑신정변(1884) ──→ 동학농민운동(1894) ──→ 갑오개혁(1894) ──→ 을미사변(1895) ──→ 아관파천(1896)

→ 항일의병 투쟁시작

Q. 수험생 후배
개념과 원리는 아무리 공부해도 잘 와 닿지 않아요. 어떻게 해야 하나요?

A. 서울대 합격생 선배
우리는 눈으로 본 것을 더 오래 기억하고, 더 명확하게 이해하는 경향이 있어요. 개념과 원리가 더 와 닿게끔 하고 싶다면 그림을 그려 한눈에 보이도록 표현해보세요. 적용된 구체적 사례를 떠올려 눈으로 쭉 훑어볼 수 있는 그림으로 그려보면 이해하는 데 좀더 도움이 될 거예요.

습관 따라잡기 **04_2.**

한눈에 이해되도록 그림으로 정리한다

❶ **상상한 실험, 관찰, 조사 상황을 노트에 시각화하자 |** 과학의 원리나 사회적 현상에 대한 이론들은 대부분 실험, 관찰, 조사 등에 의해 검증된 결과다. 그래서 그 원리나 이론을 도출한 방법과 과정과 상황을 그대로 경험하다 보면 자연스럽게 이해되는 경우가 많다. 그러나 이런 경험을 직접 해보는 것은 현실적으로 어렵다. 실험하고 조사해보지 못하는 상황에서 가장 좋은 방법은 상상력을 활용하는 것이다. 상상력은 정말 대단하다. 달리기를 상상하는 사람에게는 실제로 달리기를 할 때와 비슷한 현상이 몸에서 나타난다고 한다. 상상력은 두뇌 활동이지만 우리 몸과 의식은 실제처럼 느끼는 것이다. 교과서나 참고서에 나온 실험과 조사 장면을 보면서 상상해보자. 단계별로 천천히 상상하면서 그림을 그려본다. 그러면 개념이나 원리가 눈으로 볼 수 있는 시각 자료로 표현된다. 이 과정에서 우리의 뇌는 실제로 실험을 하거나 현상을 목격한 것처럼 개념과 원리를 친숙하게 느끼고 받아들일 수 있게 된다.

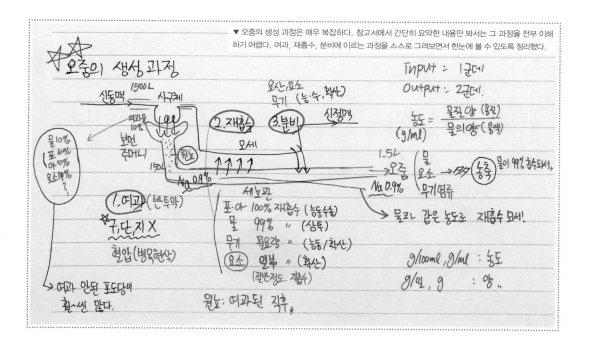

▼ 오줌의 생성 과정은 매우 복잡하다. 참고서에서 간단히 요약한 내용만 봐서는 그 과정을 전부 이해하기 어렵다. 여과, 재흡수, 분비에 이르는 과정을 스스로 그려보면서 한눈에 볼 수 있도록 정리했다.

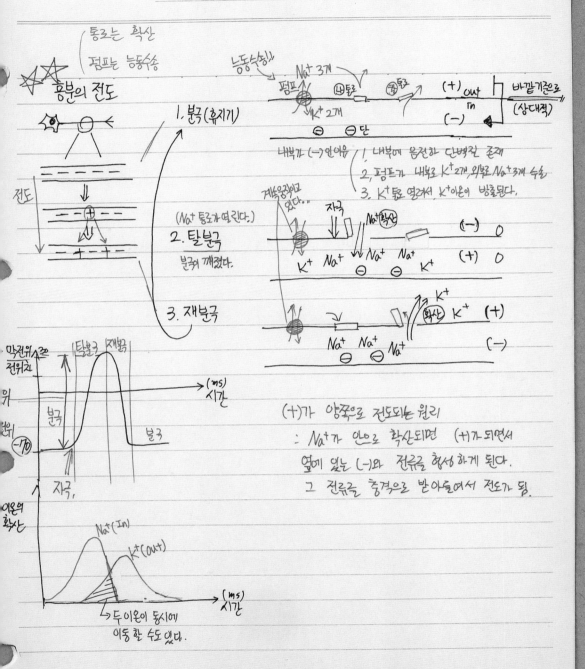

통로는 확산
펌프는 능동수송

★★ 흥분의 전도

1. 분극 (휴지기)

능동수송↓↓
Na⁺ 3개
펌프 ④통로 ③통로 $(+)$ out / $(-)$ in 바깥기준으로 (상대적)
K⁺ 2개
⊖ ⊖단

내부가 $(-)$인 이유 → 1. 내부에 음전하 단백질 존재
2. 펌프가 내부로 K^+ 2개, 외부로 Na^+ 3개 수송
3. K^+통로 열려서 K^+이온이 방출된다.

전도

(Na⁺ 통로가 열린다.)
2. 탈분극
분극이 깨졌다.

계속 열려있고 있다..
자극
Na⁺(확산)
K^+ Na^+ Na^+ Na^+ ⊖ ⊖ K^+ $(-)$ O
                                              $(+)$ O

3. 재분극

K^+ 확산 K^+ $(+)$
Na^+ Na^+ Na^+ ⊖ ⊖ Na^+ $(-)$

막전위 전위차
탈분극 재분극
(ms) 시간
분극
분극
자극
(-70)

$(+)$가 양쪽으로 전도되는 원리
: Na^+가 안으로 확산되면 $(+)$가 되면서
옆에 있는 $(-)$와 전류를 형성하게 된다.
그 전류를 충격으로 받아들여서 전도가 됨.

이온의 확산
Na⁺(In)
K⁺(Out)
(ms) 시간
→ 두 이온이 동시에 이동할 수도 있다.

▲ 흥분의 전도 과정인 분극, 탈분극, 재분극의 3단계 과정에 대해 이온의 이동과 막전위를 동시에 그림으로 깔끔하게 표현해 정리했다. 각 과정이 일어나는 모습을 머릿속으로 상상하고 나서 동영상을 캡쳐하듯 3개의 그림으로 나타냈다.

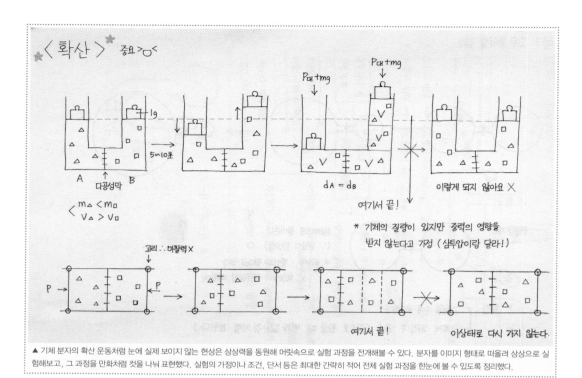

▲ 기체 분자의 확산 운동처럼 눈에 실제 보이지 않는 현상은 상상력을 동원해 머릿속으로 실험 과정을 전개해볼 수 있다. 분자를 이미지 형태로 떠올려 상상으로 실험해보고, 그 과정을 만화처럼 컷을 나눠 표현했다. 실험의 가정이나 조건, 단서 등은 최대한 간략히 적어 전체 실험 과정을 한눈에 볼 수 있도록 정리했다.

❷ 의도가 드러나도록 시각 자료를 만들자 | 머릿속으로 상상하면서 습득한 것들을 노트에 그림으로 깔끔하게 정리하면 명확히 이해가 되고 정리가 된다. 교과서나 참고서의 설명과 해답을 참고해 한눈에 볼 수 있도록 그려나가면 내용을 그냥 암기하거나 막연히 알려고 했을 때보다 훨씬 구체적으로 이해할 수 있다. 여기에서도 역시 스스로 직접 정리하는 과정이 중요하다. 참고서에 나와 있는 대로 똑같이 따라 그리는 것은 마치 영화를 그저 눈으로 훑기만 한 것과 같다. 영화를 제대로 이해하려면 때로는 감독의 입장에서 바라보며 의도를 파악해보기도 해야 한다. 노트 정리를 할 때도 마찬가지다. 감독의 시선에서 그 의도를 담아 머릿속으로만 상상한 장면을 그림으로 나타내는 데 집중해야 한다. 그래야 그림을 그릴 때 적극적일 수 있다.

05

사고과정을 메모하며 정리한다

한 번 틀린 문제, 다시 틀리게 되어 있다

문제를 틀리는 원인에는 여러 가지가 있다. 정말 몰랐기 때문이거나 단순한 실수, 어쩌면 잘못된 방향으로 사고를 전개해서 틀리기도 한다. 이유야 제각기 다르지만 모두 특별한 조치를 취하지 않으면 반복되기 쉽다는 공통점이 있다.

■**반복되는 실수의 악순환을 끊기 위해 |** 공부한 내용인데도 문제를 틀렸다는 것은 그 내용이 머릿속에 약하고 어설프게 자리잡고 있다는 것을 의미한다. 공부한 시간이 지나고 다른 내용들이 머릿속에 들어오면서 이전에 공부했던 내용은 떨어져나가기도 하고, 엉뚱한 기억으로 자리 잡게 되기도 하며, 일부 손상되기도 한다. 그러므로 틀린 문제는 반드시 관심을 갖고 집중적으로 보충 공부를 해야 한다. 또 자신의 사고과정을 되짚어보며 문제점을 찾고 이를 해결하기 위해 노력해야 한다.

수동적인 공부에서 적극적으로 사고를 확장하는 공부로

학교나 학원에서 선생님이 가르쳐준 방법으로 문제를 푸는 것은 가장 기본적인 공부 자세다. 하지만 주의해야 할 점이 하나 있다. 자칫 수동적인 자세를 가질 수도 있다는 것이다. 항상 누군가가 가르쳐준다거나 혹은 책에 나오는 지식과 정보들을 믿고 받아들이는 데 익숙해지면 스스로 사고하는 것이 어려워진다. 자신이 생각한 것에 대해서는 좀처럼 확신을 갖지 못하고 불안해하며 수업이나 책에 나온 내용만 의지하거나 신뢰하려고 한다. 물론 선생님의 가르침과 책에 실린 정보는 대부분 정확하고 확실하다. 반면 자기 자신이 생각하고 추측한 내용 중에는 틀린 것도 많다. 하지만 그것 때문에 스스로 사고해보지 않는다면 문제가 있다. 책에서 확인하고 넘긴 내용이라거나 선생님께 물어봐서 확실하게 습득한 지식이라고 해서 항상 모든 문제를 해결할 수는 없다. 특히 수능 시험에서는 교과 과정에서 배웠던 내용만 나오는 것이 아니기 때문에 새로운 문제 상황에 접했을 때 자신이 알고 있는 정보와 지식, 나름대로의 논리에서 확신을 가지고 사고를 전개해나갈 수 있는 능력을 키워야 한다. 자신의 생각을 존중하고 그 생각의 씨앗을 잘 키워나가기 위한 방법이 바로 스스로의 사고과정을 메모하며 정리하는 습관이다. 사고과정을 메모하며 정리하는 습관은 노트 정리를 할 때 단지 내용들만 적는 것이 아니라 자신의 사고과정이나 아이디어, 노하우들을 함께 메모하며 정리하는 것이다. 서울대 합격생들은 실수하거나 착각한 부분, 오답을 하게 된 과정, 참신한 풀이법, 생각 지도 등을 습관적으로 적어놓으며 자신만의 노하우를 축적했다.

습관 따라잡기 **05_1.**
실수 지점과 사고과정을 메모한다

How to take a note**?**

Q. 수험생 후배
틀린 문제를 자꾸 또 틀리고, 저도 모르게 착각하는 부분이 잘 극복되지 않아요. 왜 그런가요? 선배님은 어떻게 극복하셨나요?

A. 서울대 합격생 선배
공부하면서 가장 허탈한 경우가 실수로 문제를 틀릴 때죠. 분명 아는 문제였는데 잠깐 착각하는 바람에 깎인 점수만 해도 엄청날 거예요. 실수를 하는 이유는 개념을 확실하게 인지하지 못했기 때문이에요. 특히 머릿속에 잘 정돈되지 않은 채 쌓여 있는 개념들이 자주 실수를 유발시키죠. 하지만 매번 그 개념들을 다시 공부할 수는 없어요. 단지 실수만 줄이고 보완하면 해결되는 경우도 많거든요. 이런 경우에는 자신이 실수했던 지점을 표시한 후, 사고과정을 메모해두고 자주 보면 좋아요!

❶ **실수할 때마다 메모하자** | 실수가 잦은 것은 자연스럽고 한편으로는 좋은 현상이다. 실수를 통해 더 많이 발전할 수 있기 때문이다. 하지만 결정적인 순간에 실수를 해선 안 되기 때문에 의식적으로 실수를 줄이려고 부단히 노력해야 한다. 서울대 합격생들은 실수를 줄이기 위해 평소 실수할 때마다 메모를 했다. 문제를 풀고 답을 확인하면서 실수로 틀렸거나 잘못 생각한 부분이 있다면 그때그때 바로 메모해두었다. 틀린 문제를 모아 오답노트를 만드는 것도 좋지만, 그것과 별개로 실수에 대해 간단히 메모를 하고 모아두는 습

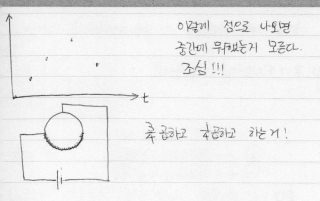

이렇게 점으로 나오면
중간에 뭐 있었는지 모른다.
조심 !!!

축 곱하고 축곱하고 하는거!

파동문제 - 파원에서 위상 같은지 확인!!
Ⓥ Ⓐ 위치 주의!! → 회로 일부로 모아서 낚일 수 있음
상대속도 - 방향주의.

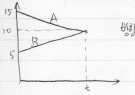

15
10
5

A
B

방향 반대이므로 15+5 =10+10 =20이 상대속도!

사기장 내에서는 원형도선 뭘하든 전류 안흘러
상황. 손가락 해서 확인하기

낙식 애용.

$mg\sin\theta + T = \mu mg\cos\theta$
$mg\sin\theta = \mu mg\cos\theta + T$
∴ $\mu = \tan\theta$, $T = 0$.

하나의 소리굽쇠 → 진동수 언제나 일정 ~!! (굵기등 등이 관계 ✕)
P→ 전압기준. 전류기준 → 2때 2때 다르므로 알아서 판단
굴절하는 건 빛만. 씨여 수면파. ∴ 빨~보 빛은 굴절률이 다르기 때문.

수가 반복되거나 헷갈리는 부분들을 추려 꼼꼼히 메모했다. 문제를 실수로 틀렸을 때의 기분을 그대로 살려 표현했
자 실수한 내용을 확인하면서 의식적으로 다시는 실수하지 않으려고 노력했다.

행렬식해변 늘 내는 2차함수!

$ax^2+bx+c \neq 0$ 10개나
    $D < 0$ 연계 ♡
이때! a가 미지수라면
          $a=0$ 되어서
    1차함수 되는 경우를
    고려해야한다!!

실수하기 딱! 쉬운거 70 < !!!

실수하기 딱! 쉬워!

$\dfrac{A}{B}$ 인지 $\dfrac{B}{A}$ 인지!

특히 $\dfrac{1}{1.08}$ 일때 자꾸 그냥 $\dfrac{1.08}{60}$

이런식으로 넘가기 쉽다. 주의. ☆ $\dfrac{1}{\frac{1.08}{60}}$

합집합 개념이 딱! 나오면
교집합을 반드시 빼야등는 것
잊지 말자~!!
의박적으로 곳아보기 겹치는지! 앗!
                      범하기쉬운거

▲ 수학의 각 단원별 실수 지점을 메모지에 적어 노트에 붙였다.
지속적으로 보고 실수했던 부분을 잊지 않기 위해 메모했다.

2. 곱의 법칙

두 사건 A, B에 대하여 사건 A가 일어날 경우의 수가
m가지이고 그 각각에 대하여 사건 B가 일어날 경우가
n가지일 때, 두 사건 A, B가 (동시에) 일어나는 경우의
수는 (m×n) 가지이다.

$n(A \times B) = n(A) \times n(B)$

✚ 빠짐 없이 중복 되지 않게 🙂🙂
✚ 분류가 생명이다!!!
    └ 웬만하면 배반이되게

* plus tip ; 그림을 크게, 많이 그리자.
            수반 범함을 떠올리려고 기억하려고 겁먹지마!!

앙금생성문제나 중화반응 문제는
화학반응식의 계수를 신경쓰지 말고
실험결과 graph를 보고 풀어요!

중요해 ♨

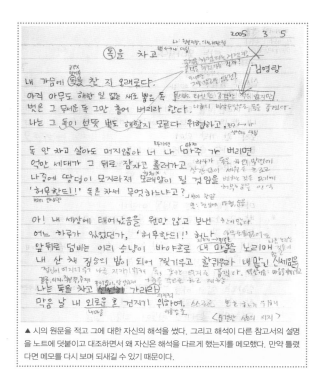

▲ 시의 원문을 적고 그에 대한 자신의 해석을 썼다. 그리고 해석이 다른 참고서의 설명을 노트에 덧붙이고 대조하면서 왜 자신은 해석을 다르게 했는지를 메모했다. 만약 틀렸다면 메모를 다시 보며 되새길 수 있기 때문이다.

관을 갖는 것이 좋다. 이렇게 만든 노트는 시험 직전에 볼 수 있는, 단 하나밖에 없는 나만의 '약점 강화 비법 모음집'이 된다. 자신이 아는 부분을 실수한 경우에는 간결하면서도 최대한 감정을 실어 메모하는 것이 좋다. 실수는 의식보다는 무의식으로 일어나는 경우가 많다. 그러므로 논리적으로 접근하기보다 감정적으로 접근할 때 더 좋은 효과가 나타날 수 있다. 스스로에게 레드카드를 주기도 하고, 소리 지르며 혼내는 것처럼 혹은 부드럽게 타이르는 식으로 이야기하듯 메모를 남겨놓으면, 무의식 속에 자신의 메모가 자리 잡고 있다가 실수할 때 스스로에게 '그렇게 하면 안돼!'라고 말해주기 때문이다. 틀린 것을 더 절실하게 느낄 수 있도록 그림을 그리거나 실제 문제를 풀었던 상황을 묘사해두면 더 좋다.

❷ 실수하는 과정을 메모하자 | 정말로 실수하고 싶지 않다면 자신이 왜 실수하는지 그 과정을 곱씹어볼 필요가 있다. 문제를 보고 처음 가졌던 생각부터 잘못된 선택을 하기까지의 사고과정 중 어느 부분에서 오류가 생겼는지 살펴보는 것이다. 문제를 틀려서 점수가 떨어졌다는 생각에 그 문제를 다시 보지 않는 학생들이 사실 많다. 그러나 틀린 문제를 발견했을 때 곧바로 보지 않으면 나중에 또다시 똑같은 이유로 틀리게 된다. 틀린 문제는 꼭 그때 문제의 원인을 찾아 노트에 메모해두는 습관을 갖도록 하자.

❸ 실수하지 않기 위한 나만의 노하우들을 메모하자 | 실수가 잦은 사람은 자신이 실수를 덜 할 수 있는 방법을 고안해두면 실수를 줄일 수 있다. '앞으로 이런 상황을 또 만나면 이렇게 하자'라는 식으로 아예 실수가 생길 수 있는 지점들 앞에 비켜갈 수 있는 안내 표지판을 세우는 것이다. 문제를 풀다 보면 실수를 줄일 수 있는 방법이 절로 발견되기도 하는데, 그때마다 노트에 꼭 적어두고 자신만의 노하우로 활용하도록 한다.

6. 비휘발성이고 비전해질인 용질 A와 B 10g씩을 각각 물 100g에 녹여 A 수용액과 B 수용액을 만들었다. 그림 (가)와 같이 A 수용액과 B 수용액을 비커에 각각 같은 높이로 담은 후, 밀폐된 용기에 넣어 두었더니 그림 (나)와 같이 된 후 더 이상 변하지 않았다.

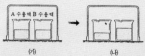

위 실험 결과에 대한 설명으로 옳은 것을 〈보기〉에서 모두 고른 것은? (3점)

―〈보기〉―
ㄱ. 화학식량은 A가 B보다 크다.
ㄴ. (가)에서 증기 압력은 A 수용액이 B 수용액보다 크다.
ㄷ. (가)에서 몰랄 농도는 A 수용액이 B 수용액보다 크다.
ㄹ. (나)에서 A 수용액과 B 수용액의 몰랄 농도는 같다.

① ㄱ, ㄴ   ② ㄱ, ㄷ   ③ ㄱ, ㄷ, ㄹ
④ ㄱ, ㄴ, ㄹ   ⑤ ㄴ, ㄷ, ㄹ

 오답이유

또다시 틀린 증기압력 문제...
증기압력은 (몰랄농도와 반비례!)
평형점의 두 용액은 몰랄농도가
같다!
(자유 분자량 군군점이 증기압력과
상관 있다고 연관짓는다. 분자양이
아니라 몰랄농도와 상관있는 것.
물른 상관은 있지만 흐름하면
절대로 안된다!

 핵심 체크사항

10g라는 고정된 양,
몰랄 농도가 증기압력을 방해
하므로 (가)에서 A의몰랄<B의
몰랄 이고, 따라서 A의증기>B
의 증기이며, A화학식량>B
이다.
(나)에서는 몰랄농도가 같아
평형을 이루었다.

답 : ④

---

2. 그래프는 −20°C의 고체 X 20g을 비커에 넣고 알코올 램프로 가열할 때, 시간에 따른 온도 변화를 나타낸 것이다.

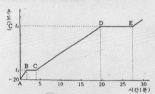

−20°C의 고체 X 40g을 같은 조건으로 가열할 때 위 그래프에서 그 값이 변하지 <u>않는</u> 것을 〈보기〉에서 모두 고른 것은?

(7월 대성) (3점)

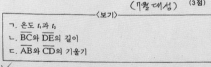

―〈보기〉―
ㄱ. 온도 t_1과 t_2
ㄴ. $\overline{BC}$와 $\overline{DE}$의 길이
ㄷ. $\overline{AB}$와 $\overline{CD}$의 기울기

① ㄱ   ② ㄴ   ③ ㄷ
④ ㄱ, ㄷ   ⑤ ㄱ, ㄴ, ㄷ

 오답이유

AB와 CD의 기울기를 흔히 보던대로만
생각하고 비열로만 생각해버렸다.
따라서 비열을 고정된 한 상수군
생각해서 기울기가 일정하다고만
판단했다.

사실 돌려 볼 때 이런 거는 나에게있어
틀리기 (속기) 제일 쉬운 문제다.
알고 있다고 대충보지 않고 꼭 하나
씩 차근히 꼼꼼히 풀어야 하는데
잘 안된다.
반드시! 연습하도록!

 핵심 체크사항

ㄱ. 끓는 점과 녹는점인 t_1과
t_2는 양이 변해도 변하지
않는다 (O)

ㄴ. $\overline{BC}$와 $\overline{DE}$의 길이는 상
태변화시 열량을 흡수한
구간이므로 양에 따라 달라
진다 (X)

ㄷ. AB와 CD의 기울기는

답 : ㄱ

---

13. 그래프는 세 가지 금속의 비저항과 온도의 관계를 나타낸 것이다.

각 금속으로 만들어진 도선의 양단에 각각 같은 전압을 걸어주고 200°C부터 400°C까지 온도를 변화시켰다. 이에 대한 설명으로 옳은 것을 〈보기〉에서 모두 고른 것은? (단, 각 도선의 길이와 단면적은 같다.) [3점]

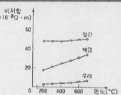

―〈보 기〉―
ㄱ. 구리 도선의 저항이 가장 작다.
ㄴ. 온도에 따른 전류 변화가 가장 작은 것은 백금 도선이다.
ㄷ. 소모 전력이 가장 작은 것은 망간 도선이다.

① ㄱ   ② ㄴ   ③ ㄷ
④ ㄱ, ㄷ   ⑤ ㄱ, ㄴ, ㄷ

오답이유

이번 6월 모의평가는 물리 시간이
모자랐다. 평소에 문제 풀때
꼼꼼히 하는 것이 대안이다.

소모전력과 저항과의 관계
를 잘못해서 틀렸다.
(같은 전압을 걸어줄때 이므로)

핵심 체크사항

ㄱ. 구리도선은 비저항제일 작은
금속으로 6을 식에서
저항이 가장 작다 (O)
(참고로 진짜 제일 작은 건 은)

ㄴ. 온도에 따라 비저항이 많
이 변할수록 저항변화, 전
류 변화가 많다 (X)

ㄷ. 전압이 일정할때 전력 =W
$= VI = \dfrac{V^2}{R}$ 이므로 저항값과
전력은 반비례. 따라서
망간도선 전력이 제일 작다 (O)

답 ㄱ, ㄷ

습관 따라잡기 05_2.
번뜩인 아이디어를 메모한다

Q. 수험생 후배
수학 문제가 잘 풀릴 땐 푸는데, 어떤 날엔 쉬운 문제에도 꽉 막힐 때가 있어요. 어떻게 해야 할까요? 생각이 잘 나면 좋고, 안 나면 어쩔 수 없는 건가요?

A. 서울대 합격생 선배
문제를 풀 때 번뜩이는 아이디어로 해결한 경험이 있을 거예요. 사실은 잘 모르는 문제인데 갑자기 좋은 생각이 떠올라서 기발하게 풀어낸 경우 말이에요. 어떻게 그런 '감'을 얻을 수 있을까요? 수능 시험을 '생각이 잘 나면 대박, 안 나면 쪽박'으로 놔둘 수밖에 없을까요? 절대 그렇지 않아요. 진정한 고수들은 단순히 문제를 푸는 데 급급하지 않고 항상 더 창의적인 방법을 생각하고, 또 다른 방법이 있지 않을까 고민하면서 '직감'을 길러요. 그리고 그런 방법들을 메모해두었다가 언제든지 활용하는 것이죠. 하나의 문제에 대해서도 다양한 풀이법을 찾고 새로운 방법을 생각해내는 연습을 충분히 한다면 그날그날의 컨디션에 관계없이 언제든 문제를 잘 풀어내는 실력을 갖출 수 있어요!

❶ **새로운 방향에서 문제를 바라보자** | 공부한 내용에서 문제가 나와서 문제를 풀고 답을 맞혔다면 그것으로 된 것일까? 실력을 쌓기 위해서는 한 가지를 더 추가해야 한다. '다른 학생들도 내가 푼 방법으로 풀었을까?' 하는 질문을 던지는 것이다. 같은 문제를 풀고 같은 답을 도출했더라도 사람마다 다른 과정을 거친다. 문제를 보면서 먼저 떠올린 생각도 제각각 다를 수 있고, 그 생각의 씨앗을 키우고 발전시킨 방향도 다들 조금씩 다를 수 있다. 물론 대부분의 일반적인 문제에서는 별반 차이가 없다. 그러나 문제의 난도가 높고, 해결해야 할 과제들이 복잡하며, 유형이 새로운 것이라면 다양한 풀이 방법이 존재할 수 있다. 실제로 많은 학생들이 고난도 문제를 각자 다른 방법으로 풀어낸다. 특히 서울대 합격생들은 하나의 문제를 풀고 답을 맞히면 그냥 넘어가지 않고 또 다른 풀이법을 생각하고 탐구했다. 그리고 그 방법을 노트에 정리해 완전히 자신의 것으로 만들었다. 단지 고득점을 하기 위해서뿐만 아니라 진짜 실력을 향상시키기 위해서는 항상 '더 간단하고 효과적인 풀이법은 없을까?', '다른 측면에서 풀어내는 방법은 없을까?' 하는 궁금증을 갖고 탐구해보는 것이 좋다.

비록 새로운 풀이 방법이 머릿속에 떠오르지 않더라도 실망하거나 좌절할 필요는 전혀 없다. 그렇게 생각해보는 것 자체가 진정한 공부가 되기 때문이다.

❷ **다양한 풀이법을 문제에 적용해보자** | 새롭고 창의적으로 문제를 풀어가기 위해서는 정형화된 사고의 틀을 벗어나려는 노력이 중요하다. 풀이법을 이미 잘 알고 있는 문제라

* 부피 구하기

반지름의 길이가 1이고, 중심각의 크기가 60°인 부채꼴 OAB의 내부의 점 P에 대하여 부채꼴을 포함하는 평면과 수직이고 $\overline{OP} = \overline{PP'}$인 점 P'를 부채꼴의 위쪽 부분에 잡을 때, 선분 PP'의 자취가 나타내는 입체 도형의 부피는?

〈풀이 1〉 직사각형으로 생각

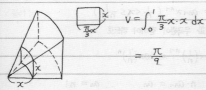

$$V = \int_0^1 \frac{\pi}{3} x \cdot x \, dx$$

$$= \frac{\pi}{9}$$

〈풀이 2〉 사각뿔로 생각

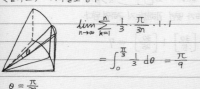

$$\lim_{n \to \infty} \sum_{k=1}^{n} \frac{1}{3} \cdot \frac{\pi}{3n} \cdot 1 \cdot 1$$

$$= \int_0^{\frac{\pi}{3}} \frac{1}{3} \, d\theta = \frac{\pi}{9}$$

$$\theta = \frac{\pi}{3n}$$

〈풀이 3〉 가로로 자르기

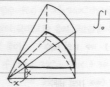

$$\int_0^1 \left(\frac{\pi}{6} - \frac{x^2}{6}\pi \right) dx$$

$$= \frac{\pi}{9}$$

〈풀이 4〉

$$(\pi - \frac{\pi}{3}) \times \frac{1}{6} = \frac{2}{3}\pi \times \frac{1}{6}$$

$$= \frac{\pi}{9}$$

▲ 도형의 부피를 구하는 데도 여러 가지 방법이 있을 수 있다. 부채꼴의 부피를 직사각형, 사각뿔, 가로로 자르기, 원뿔 등 네 가지 방법을 이용해 풀이했다.

쌍곡선 $x^2 - y^2 = 1$ 위의 점 P와 원 $x^2 + (y-6)^2 = 1$ 위의 점 Q에 대하여 $\overline{PQ}$의 길이의 최소값은?

〈풀이〉

i) "법선" 한 점에서 곡선까지 거리가 최소일 때
이 성질을 이용 (쌍곡선 위의 점에서의 접선 방정식이랑)
~ 접선의 기울기랑 곱하면 -1

ii) 이차곡선은 그냥 거리공식!!

P(x, y)로 두면

$$d^2 = x^2 + (y-6)^2 = 1 = y^2 + 1 + y^2 - 12y + 36$$

$$= 2(y-3)^2 + 19$$

$$\sqrt{19} - 1$$

$$\lim_{n \to \infty} a_n \cdot b_n = \lim_{n \to \infty} a_n \cdot \lim_{n \to \infty} b_n$$

$$\lim_{n \to \infty} \frac{a_n}{b_n} = \lim_{n \to \infty} a_n / \lim_{n \to \infty} b_n$$

① 수렴 확인

② ÷ 에서 분모 ≠ 0

③ 샌드위치 정리 $a_n < b_n$ $\lim a_n \leq \lim b_n$

cf) 함수의 극한 좌 = 우

ex) $\lim_{x \to \infty} f(x) = \infty$ $\lim_{x \to \infty} \{ f(x) - g(x) \} = 5$

$$\lim_{x \to \infty} \left(\frac{g^2}{f} - \frac{f^2}{g} \right) = ?$$

sol 1) 대입이 제일 좋은 방법

$$f(x) = x \quad , \quad g(x) = x - 5$$

▼ 해결 과정에 함정이 있는 문제를 정리할 때는 '틀린 풀이'를 추가로 메모해 실수하지 않도록 주의를 기울였다.

sol 2) $\lim_{x \to \infty} f(x)(1 - \frac{g}{f}) = 5$

$$\therefore \lim_{x \to \infty} \frac{g}{f} = 1$$

$$\lim_{x \to \infty} \frac{g^3 - f^3}{f \cdot g} = \lim_{x \to \infty} \frac{(g-f)(g^2 + fg + f^2)}{f \cdot g}$$

$$= \lim_{x \to \infty} (g-f)\left(\frac{g}{f} + 1 + \frac{f}{g} \right)$$

$$= -15$$

〈주의〉 틀린 풀이!

$$\lim_{x \to \infty} \left(g \cdot \frac{g}{f} - f \cdot \frac{f}{g} \right) = \lim_{x \to \infty} (g - f) \quad \times$$

* 미분

$x > 0$ 에서 정의되고 이 구간에서 미분가능한 함수 $f(x)$가 $f(xy) = f(x) + f(y)$ 를 만족시키고 $f'(1) = 2$ 일 때, $f'(e) = ?$

〈풀이〉

$$\lim_{h \to 0} \frac{f(x+h) - f(x)}{h} = \lim_{h \to 0} \frac{f(x \cdot \frac{x+h}{x}) - f(x)}{h}$$

$$= \lim_{h \to 0} \frac{f(x) + f(1 + \frac{h}{x}) - f(x)}{h}$$

$$= \lim_{h \to 0} \frac{f(1 + \frac{h}{x})}{h}$$

※ 〈5/10〉

• 다양한 확률사고법 !

예제) 한 개의 주사위를 갑,을 둘이 던져서 나온 눈이 큰 쪽이 이기는 것일 때,
한 번의 시행에서 갑이 이길 확률 ?

① 노가다.

갑	을
6	5 4 3 2 1
5	4 3 2 1
4	3 2 1
3	2 1
2	1
1	X

} 15가지

$\therefore \dfrac{15}{36}$ 의 확률이다 !!
$\parallel$
$\boxed{\dfrac{5}{12}}$

② 지는거, 비기는거 아니면 이기는거 아냐 ?

(전체확률 $-$ 비긴확률) × (지거나 이기거나 中 이기는 것)

$$\left(1 - \frac{1}{6}\right) \times \frac{1}{2} = \boxed{\frac{5}{12}}$$

③ 배열로 풀자 !

주사위 는 <u>6개중에서 비복원으로 2개 뽑아서</u> 갑에게 <u>무조건 큰것을 준다</u>
                      $\downarrow$ $\downarrow$
               $_6C_2$ 1가지

$$\therefore P = \frac{_6C_2}{36} = \frac{\frac{6 \cdot 5}{2}}{36} = \frac{15}{36} = \boxed{\frac{5}{12}}$$

▲ 문제를 푸는 방식은 여러 가지가 될 수 있다. 문제에 적용 가능한 개념들을 총동원해 다각도로 풀이법을 찾아 정리했다. 스치듯 떠오른 풀이법도 기록해 좋은 아이디어는 다시 꺼내볼 수 있다.

해서 매번 동일한 방식으로만 기계적으로 풀고 넘어갈 것이 아니라 다른 단원의 개념도 적용해보고, 다른 측면에서 바라보는 것도 필요하다. 시험 문제는 상자 안에 무엇이 들어 있는지 맞히는 게임과 같다. 상자를 가만히 놓고 멀찍이 눈으로 그저 볼 게 아니라 손으로 들어서 이리저리 돌려도 보고, 무게를 재보기도 하고, 흔들어도 보고, 작은 구멍을 내서 안을 들여다보기도 하는 등 다양한 방법을 자유롭게 구사할 줄 아는 것이 실력과 '감'을 쌓는 길이다.

❸ 떠올린 아이디어의 핵심을 메모하자 ┃ 갑자기 '아! 이렇게 하면 되지 않을까?' 하는 아이디어가 떠올랐다면 그 방법으로 접근해서 천천히 풀어보자. 그리고 답을 맞혔다면 짜릿한 희열과 왠지 모를 뿌듯함을 느낄 것이다. 여기서 만족하고 넘어가선 안 된다. 번뜩인 아이디어는 갑자기 떠오른 만큼 금세 날아가버린다. 반드시 그때그때 아이디어의 핵심을 메모해둬서 자신의 소중한 성과를 놓치지 않도록 해야 한다. 나중에 다시 노트에 깔끔하게, 차근차근 정리하면서 완전히 자신의 것으로 만들어가자. 그러면 자신도 모르는 사이에 사고가 확장되고 실력이 쌓이는 결과를 얻을 수 있다.

낙서, 슬럼프 타파를 위한 활력 충전

지금 당장 변화가 없다고 포기하지 말기!
상황이 나빠져라도 희망을 버리지 말기
옳다고 생각한 일은 끝까지 흔들리지
일이 끝날 때까지 시간과 관심을 쏟아부을
원하는 것보다 더 많이 일금하기

성적이 오르지 않아 비관적인 생각이 들거나
고비가 와도 스스로 희망의 끈을 놓지 않고 끝까지
최선을 다하는 아름다운 모습! ^^

오랫동안 공부하니 머리는 지끈지끈, 가슴은 답답,

이건 뭐 이해도 안 되고 외워지지도 않고

몇십 분째 진도를 빼지 못하고 제자리걸음일 때,

주변 친구들은 다 잘하고 있는 것 같은데

똑같이 공부해도, 더 열심히 공부해도 성적은 오르지 않고

내가 정말 잘하고 있는 걸까 괜스레 시름에 빠지다가

혹시라도 내가 원하는 대학에 가지 못할 것 같은 불안한 생각에

몸도 지치고 마음도 지쳐서 힘이 쭉 빠질 때,

누구나 한 번쯤은 '그럴 때'가 있다.

그런데 서울대 합격생들도 공부가 힘들고 싫었던 시기,

그리고 포기하고 싶었던 때가 있었다고 한다.

다른 사람이 대신할 수 없는 공부이기에

때로는 채찍질하고, 때로는 자신감을 북돋으면서

뚝심 있게 결국 힘든 시기를 이겨낸 서울대 합격생들.

그들이 수험생 시절, 노트 정리를 하며 스스로에게 했던

힘대라는 응원과 따끔한 충고, 따뜻한 격려와 날카로운 비판의 흔적들을

지금 이 자리에서 공개한다.

"지치지 않는
최선을 향하여!"

끝까지 남는 사람이 이기는 거라는 말~
오르락내리락하는 실력을 가진 친구들에게
꼭 필요한 말!

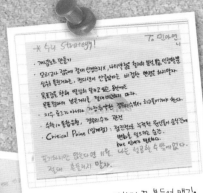

을 예상해 보면

(K-1) K (K+1)   [K형에게 K형그라 하자]

- $S'_5 = S_{10}$ 이고
- $S'_8 = S_9$ 이므로.
- $S'_9 = 9 \times 10 \times 11 - 8 \times 9 \times 10 = S_{10} = 210$
- $S'_8 = 8 \times 9 \times 10 - 7 \times 8 \times 9 = S_9 = 72 \times 3 = 216$

$\therefore a_{10} = S_{10} - S_9 = \underline{54}$

병신짓좀 하지 마라!

니없는 실수를 했을 땐,
알아서 어퍼컷을! ^^

---

* S.U Strategy!   To 민아영

· 개념노트 만들기
  모르거나 잘못 알고 싶었던거나, 나리약점 철저히 분석, 인정할땐
  실수를 줄여가보자, 컨디션이 안좋다는 비겁한 변명은 하지말자.
  모르겠으면 확실 역심히 물어보고 있는 문제든 완벽히
  풀론점에서 넘어가도록, 절대 방심하지 마라.

· 지수·로그·지수함수, 경우의 수 관련
· Critical Point (약계점) : 점검점과 수직된 문제들이 습격근대
  변화를 알으키는 순간.
  but 정나는 평온하다.   나는 성공의 숙맥이였다.
  포기하지않고 많는다면 III번, 절대 흔들리지 말자.

혼들리지 않으려면 마음부터 꼭 붙들어 매기,
그리고 목표를 이룰 때까지 뚝심으로 버티기.

서울대 합격생들에게도
결코 쉽지 않았던 공부,
쓴맛을 알아야 단맛도 아는 법!

전국 0.01% 를 위한

최고수준 한국지리

자신 있는 과목을 공부할 땐 근거 있는 자신감으로 승부!!

祥順、ㅅ.

난 할 수 있다!
내가 풀 수 없는 문제는 나오지 않는다.
실수를 두려워말자, 차라리 실수하지 않도록 조심하자.
풀어는걸 급중하게 써보면서 마음을 안정시키자.
만널 풀기어려운 문제가 나오면 거기에 매달리지 않고 먼저 넘겨주자.

난 할 수 있는 것을 다할다.
자신을 믿자.

---

* 수리 100을 위해 해야할 것

① 미지수 설정
② 식세우기
③ 문제의 조건, 문제의 범위 찾기
④ 물어보는 것에서 힌트 찾기
⑤ 실수 안하기
★⑥ 자신감 갖기 + 믿음가지기

자신감과 믿음을 갖는 것도
공부 계획의 하나!

---

* 시험치는 요령 거

① 100 점 집착 X ─ 때로는 과감하게 문제를 버리자 !
② 어려운 문제 잡고 늘어지지 X ⇒ 별표 ★ 치고 넘어가서 나중에 푼다
③ 주관식부비 푼다
④ 풀이는 깨끗하게 ─ 실수하지 않도록 !

시험이어려운건
명계면 안된다!!

불안한 마음이 스멀스멀 들 때나
자신감이 점점 떨어질 때
스스로에게 힘찬 응원과
따뜻한 격려를! ^^

고등수학

수능대박
연간 대박

정명과
개념

수능 시험을 치르는 대한민국
모든 학생들과 함께 대박 기원!!

도 끝이 없는 공부 앞에선 서울대 합격생도 푸념을!

수학은 원리 이해와 문제 풀이가 중요하고, 사회는 암기, 과학은 이해 반, 암기 반…

수학은 수학대로, 사회는 사회대로, 과학은 과학대로 공부해야 할 과목도 많고

과목마다 공부해야 할 내용과 방법이 모두 각양각색인데, 어떻게 정리해야 할까?

과목별 정리의 필수 요소,
서울대 합격생 노트에서 찾다

서울대 합격생들의 노트를 보면, 과목별 공부를 위해 꼭 해야 하는 노트 정리의 요소들을 발견할 수 있다.
그들만의 과목별 필수 요소를 이제부터 내 노트 속에도 갖춰보자.

서울대 합격생의 과목별 노트 정리

O1 수학_개념은 챙기고, 문제는 잡는다

O2 사회_교과서, 파고들어 뛰어넘기

O3 과학_지식은 꼼꼼하게, 원리는 논리적으로

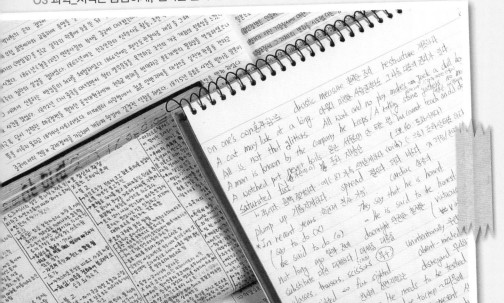

01 수학

수학 노트의 놓쳐서는 안 될 필수 요소
개념은 챙기고, 문제는 잡는다

수학은 개념에서 시작해 개념으로 끝난다는 말이 있다. 개념은 수학을 공부하기 위해 꼭 알아야 할 기본이지만, 많은 학생들이 개념을 정확히 알지 못한 채 단순히 공식을 암기하고 문제를 반복해서 풀이하는 공부를 하고 있다. 이러한 방법으로는 수학 실력을 향상시킬 수 없다. 모든 원리와 응용이 기본 개념을 바탕으로 하기 때문이다. 서울대 합격생들은 수학 과목을 공부할 때 가장 먼저 개념을 챙겼다. 수학을 단순히 숫자 계산이나 하는 과목으로 보지 않고, 개념부터 차근차근 짚어야 높은 실력을 쌓을 수 있는 과목으로 보았다. 그럼 이제부터 서울대 합격생들은 기본 개념을 충실히 익히고 문제 해결력을 높이기 위해 어떻게 노트 정리를 했으며, 여기에서 찾을 수 있는 필수 요소는 무엇인지 알아보자.

수학의 기본, 개념 정리로 시작한다

수학 공부의 첫 단추는 기본 개념이 되는 용어, 정의, 기호, 성질, 공식 등을 확실하게 익히는 것이다. 많은 내용을 배우고 여러 문제를 풀다 보면 오히려 기본적인 내용이 헷갈리는 경우가 있다. 기본 개념을 확실하게 노트 정리하고 나서 어떤 상황에서도 개념이 머릿속에서 흔들리지 않도록 확고하게 잡아주는 것이 꼭 필요하다.

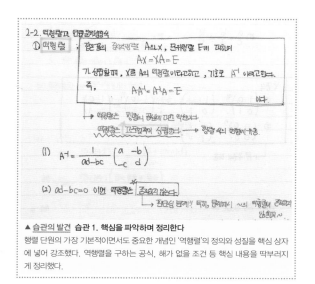

▲ 습관의 발견 습관 1. 핵심을 파악하며 정리한다
행렬 단원의 가장 기본적이면서도 중요한 개념인 '역행렬'의 정의와 성질을 핵심 상자에 넣어 강조했다. 역행렬을 구하는 공식, 해가 없을 조건 등 핵심 내용을 딱부러지게 정리했다.

필수 요소 갖추기 ❶
정의와 성질은 딱부러지게

정의는 수학 공부의 출발이다. 정의를 애매하게 알고 있으면 한 단계 더 나아간 개념이나 응용에서 벽에 부딪힌 듯 막혀버린다. 서울대 합격생들은 머릿속에 정의를 정확하게 넣어두기 위해 먼저 정의를 이해한 다음, 이를 정확한 말로 일목요연하게 노트 정리했다. 이는 정의를 달달 외우는 것을 의미하지 않는다. 정의가 무엇을 의미하는지, 핵심이 무엇인지 명확히 한다는 뜻이다.

노트에 정의를 정리할 때에는 간단히 수식만 적기보다 그 의미를 딱부러지게 설명한 문장도 함께 적어두자. 수식으로만 된 정의는 명확하지만 의미가 잘 드러나지 않고, 문장으로만 정리한 정의는 그 의미를 분명하게 알 수 있지만 수식 적용이 바로 되지 않는 단점이 있다. 정의를 수식과 문장으로 함께 정리해야 이해와 적용을 동시에 할 수 있다. 그리고 수식을 이루는 기호와 표기 방법도 항상 정확하게 쓰는 습관을 갖는 것이 좋다.

필수 요소 갖추기 ❷
공식을 단축키같이

수학 공식, 벌써부터 머리가 지끈지끈해지는 학생들이 많을 것이다. 이해하지 못한 공식을 외우려고 하니 머리가 아플 수밖에 없다. 공식에는 핵심이 되는 공식과 핵심에서 파생되어 나온 공식이 있다. 컴퓨터를 쓸 때 많이 쓰는 단축키 몇 개 정도는 보통 외우고 있듯이, 핵심 공식도 외워두는 것이 좋다. 파생 공식은 알아두면 좋지만 너무 많으면 오히려 우리의 메모리를 위협하는 요인이 된다.

서울대 합격생이라면 모든 공식을 다 외웠을 것이라는 선입견과 달리 실제 외우고 있는 공식은 그리 많지 않았다. 그들에게 세세한 공식들을 물어보면 대부분 알고 있다고 답했지만 한 번에 딱 말하지 못하는 경우가 많았다. 그것은 바로 많은 공식을 다 외우

공식의 의미를 이해하기 위해 정의와 성질을 수식뿐만 아니라 문장으로도 표현했다. 수식과 문장으로 정리하면 보다 깊이 있게 이해할 수 있다. 문장으로 정리할 때 정의의 부차적인 내용은 자신이 알아볼 수 있는 기호로만 써도 되지만, 핵심적인 내용은 반드시 기호와 표기 방법 등을 정확하게 써서 정리해야 한다.

8. 수열의 극한과 무한급수

① 극한 : 수열 $\{a_n\}$의 극한이란 a_n이 가까이 가는 수. 기호로는 $\lim\limits_{n \to \infty} a_n = A$

= n이 한없이 커질때 a_n은 A에 한없이 가까워진다 (반드시 $a_n = A$ 일 필요 X)

② $\lim\limits_{n \to \infty} a_n = \begin{cases} \alpha = \text{수렴} = \text{극한값이 있다.} \; (\lim\limits_{n \to \infty} a_n \text{ 이 있다}) \\ \infty \\ -\infty \\ \boxed{\text{진동}} \end{cases}$ $\Big)$ ∴ 발산 = 극한값이 없다.

↳ 수렴도아니고, ∞나 −∞로 발산하지도 X 때.
ex) 3, 1, 4, 2, 6, 9, 15 ···· : 진동

극한값의 진동 사례를 함께 써서 정의가 구체적으로 떠오를 수 있도록 정리했다.

③ 극한값 계산의 핵심 : 식을 변형하여 다음 꼴이 나오도록 한다.
  ① $\lim\limits_{n \to \infty} |a_n| = \infty \Rightarrow \lim\limits_{n \to \infty} \dfrac{1}{a_n} = 0$ (즉 $\lim\limits_{n \to \infty} a_n = \infty$ 건, $-\infty$건 진동하되 절대값이 커지건)
  ② k가 양수 $\Rightarrow \lim\limits_{n \to \infty} \dfrac{1}{n^k} = 0$
  ex) $\dfrac{1}{n^2}$, $\dfrac{1}{n^{\frac{1}{2}}}$

┌ $\dfrac{\infty}{\infty}$ 꼴 : 분모의 최고차항으로 분자, 분모를 나눈다.
│ ⟹ 최고차항의 계수만 보면 끝! ① 분자차수 = 분모차수 ∴ 극한값 = $\left(\dfrac{\text{분자최고차항계수}}{\text{분모최고차항계수}} \right)$
│   ② 분자차수 < 분모차수 ∴ 무조건 0으로 수렴
│ $\infty - \infty$ 꼴 : ┌ 무리식 : 유리화한다 ③ 분자차수 > 분모차수 ∴ $+\infty$ 또는 $-\infty$.
└ "무한대 − 무한대" 꼴에서는 └ 다항식 : 최고차항으로 묶어낸다
   절대 격판돼 사용 X   左 page 참고.

여러가지 조건에 따라 극한값의 기본 성질이 어떻게 적용되는지 적어놓았다.

④ 극한 값의 기본성질 ($\lim\limits_{n \to \infty} a_n = \alpha$, $\lim\limits_{n \to \infty} b_n = \beta$ 일때)

(1) $\lim\limits_{n \to \infty} k\, a_n = k \lim\limits_{n \to \infty} a_n \Longleftrightarrow$ 수열 a_n이 수렴하면 $k a_n$도 수렴하고 그값은 $k\alpha$

(2) $\lim\limits_{n \to \infty} (a_n \pm b_n) = \lim a_n \pm \lim b_n \Longleftrightarrow$ 수열 a_n & 수열 b_n이 수렴하면 $a_n \pm b_n$ 도 수렴하고, 그값은 $\alpha \pm \beta$.

(3) $\lim\limits_{n \to \infty} a_n b_n = \lim a_n \cdot \lim b_n \Longleftrightarrow$ 〃 , $a_n b_n$ 도 수렴하고 그값은 $\alpha\beta$.

(4) $\lim\limits_{n \to \infty} \dfrac{a_n}{b_n} = \dfrac{\lim a_n}{\lim b_n} \Longleftrightarrow$ 〃 , $\dfrac{a_n}{b_n}$ 도 수렴하고 그값은 $\dfrac{\alpha}{\beta}$

고 있는 것이 아니라, 확실히 외운 핵심 공식과 정의들을 사용해서 파생된 공식을 스스로 만들어내는 방법으로 공부했다는 것을 보여준다. 마치 레고 블록 몇 개만 갖고도 소형으로 집을 짓고 비행기를 만들 수 있듯이, 수학에서도 기본적인 정의와 핵심 공식 몇 가지만 제대로 알고 있으면 다른 공식을 모두 외우지 않아도 문제를 풀 수 있다. 따라서 노트에 공식을 정리할 때에도 자주 사용되는 핵심 공식을 먼저 정리해 익히도록 하고, 그 외의 공식들은 우선 정리만 해둔 후 문제를 푸는 과정에서 자주 나오는 공식을 그때그때 외우는 것이 좋다.

공식을 정리할 때는 공식만 나열해 적기보다 각 공식을 이루는 기호와 숫자 부분에 어떤 의미가 있는지 함께 메모해주면 좋다. 이 공식에서 이 숫자는 어떤 의미를 갖고 있으며, 이것은 왜 곱해지는지 등 의미를 적어두는 과정에서 머릿속에 더욱 정확히 이해가 된다. 공식의 의미를 파악하고 있어야 복잡한 응용문제를 만났을 때도 문제에 적용할 수 있는 정확한 공식을 바로 떠올릴 수 있다.

수학 실력, 문제 해결 노하우가 관건이다

개념을 공부하는 궁극적인 목적은 문제에 적용해서 해결하기 위함이다. 공부한 개념들을 토대로 주어진 문제 상황에 적용할 수 있는 원리나 공식 등을 떠올려 문제를 풀 수 있어야 한다. 특히 수학은 하나의 개념이나 원리에서 각양각색의 문제 유형이 출제되고, 또 그 유형에 따라 해결책을 찾아내야 하는 과목이다. 문제 풀이를 다양하게 해보면서 노하우를 터득하고 새로운 풀이법을 모색해나갈 때 수학 실력을 향상시킬 수 있다.

필수 요소 갖추기 ❶
개념 확인을 위한 기본 예제

아무리 개념을 제대로 익혔더라도 구체적으로 문제에 적용할 줄 모른다면 수학 실력을 결코 올릴 수 없다. 개념을 공부할 때는 항상 개념이 적용된 기본적인 문제를 풀어봐야 한다. 어렵고 복잡한 문제를 찾을 필요는 없다. 그냥 공부한 개념이 적용된 간단한 예제 한두 개를 찾아서 '아, 이렇게 되는 거구나!'라고 느끼면 충분하다. 예제의 목적은 개념의 적용 방법을 아는 것이기 때문에 예제를 굳이 정확하게 다 계산하지 않아도 된다. 머릿속에 딱 떠오를 수 있도록 풀이 과정의 중요한 것만 쏙 뽑아서 정리해보자.

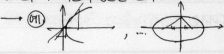

(다) 기하 ➡ "그림"을 그리자!!

이차곡선 단원에서 출제된 문제들을 조사해 대표적인 문제 유형들을 구분하고 예제를 간단하게 그림으로 그려 유형을 파악했다.

Ⅴ. 이차곡선 (2문제) ──→ 정의

✱ ① 정의 를 이용한 문제 ←── 무조건!!

(ㄱ) 하나의 이차곡선의 성질을 단독으로 묻는 문제 (+ 삼각함수의 사인, 코사인, 동경정각, 극좌 ...)

→ 예) ,

(ㄴ) 두개의 이차곡선을 같이 물어보는 것 (+원)

→ 예) , , ...

(ㄷ) 타단원과의 통합

→ 예) 변의 길이 수열로 주어진 경우, 지수,로그함수 와의 통합 (2008' 수능기출) ....

┌─────────────────────────────────────┐
│ <check point> 정의 를 어떻게 이용할 것인가? │
│   → 구할수 있는 모든 조건을 구하여라!, 그리고 그 조건과 찾는 것의 │
│   ↓   관계를 구하라!! │
│   예) 초점, 장축, 단축, 주축, 등변선, 수직 ... │
└─────────────────────────────────────┘

✱ ② 자취의 방정식 (2008' 9月 평가원)
    (ㄱ) 도형이 주어진 경우 ⎫→ 원하는 모양으로 변형!!, 모든 것은 "정의"로 통하라!!
    (ㄴ) 조건으로 주어진 경우 ⎭

③ 접선의 방정식 (2008' 9月 평가원)
    → 공식 을 철저히 암기!!

(+) 2007' 9月 ; 이차곡선과 "판별식 문제"
        → ㄷ. 쌍곡선과 포물선은 만나는가? (이차 방정식의 근의 판별과 통합)

▲ 습관의 발견 습관 1. 핵심을 파악하며 정리한다
이차곡선과 관련된 문제를 풀 때 가장 많이 쓰이고 중요한 것이 '정의'다. 문제 유형을 분석하면서 정의를 이용한 풀이법을 핵심 상자에 넣어 그 중요성을 강조했다.

필수 요소 갖추기 ❷

자주 나오는 문제 유형 분석

어떤 과목이든 시험에 자주 출제되는 내용 단원과 문제 유형이 있다. 수학의 중요 단원은 이미 시험에 나왔던 문제들을 분석해보면 알 수 있다. 매번 문제로 출제되는 단원이 있는 반면, 몇 년에 한 번 꼴로 출제되는 단원도 있다. 먼저, 문제가 자주 나오는 내용 단원을 파악하고 그 단원에서 어떤 종류의 문제가 나오는지 미리 훑어본다. 전체적인 그림을 보는 것이기 때문에 무엇이 자주 나오고 중요한 것인지 알 수 있다. 여러 문제를 열심히 풀다가도 가끔은 한 걸음 물러나서 어떤 문제들이 자주 나오는지 조사해보자. 그러면 주요하게 공부해야 할 단원을 먼저 파악할 수 있고, 문제 유형을 숙지해 시험을 효율적으로 대비할 수 있다.

문제 출제 유형을 정리하는 것이 목적이기 때문에 풀이 과정을 세세하게 정리하면 오히려 초점이 흐려질 수 있다. 대표적인 풀이 과정은 요점만 간략히 적거나 그림으로 간단히 메모하고, 전반적으로 어떤 유형의 문제가 나오는지를 중점적으로 정리한다.

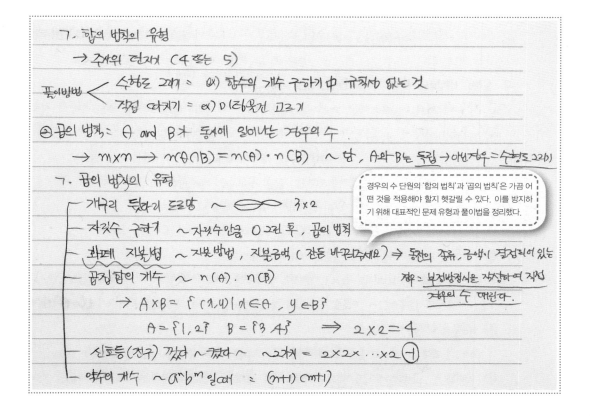

경우의 수 단원의 '합의 법칙'과 '곱의 법칙'은 가끔 어떤 것을 적용해야 할지 헷갈릴 수 있다. 이를 방지하기 위해 대표적인 문제 유형과 풀이법을 정리했다.

예 $\sqrt{3}\cos\theta - \sin\theta = \frac{1}{2}$ 일 때 $(0 < \theta < \frac{\pi}{2})$
$\sqrt{3}\sin\theta + \cos\theta = k = ?$

〈여기서만의 풀이〉
$3\cos^2\theta + \sin^2\theta - (2\sqrt{3}\sin\theta\cos\theta) = \frac{1}{4}$
$+)\ 3\sin^2\theta + \cos^2\theta + (2\sqrt{3}\sin\theta\cos\theta) = k^2$
$4 = \frac{1}{4} + k^2$
$k = \frac{15}{4} = \boxed{\frac{\sqrt{15}}{2}}$

〈일반적 풀이〉
$\begin{pmatrix} \sqrt{3} & -1 \\ 1 & \sqrt{3} \end{pmatrix}\begin{pmatrix} \cos\theta \\ \sin\theta \end{pmatrix} = \begin{pmatrix} \frac{1}{2} \\ k \end{pmatrix}$
$\begin{pmatrix} \cos\theta \\ \sin\theta \end{pmatrix} = \frac{1}{4}\begin{pmatrix} \sqrt{3} & 1 \\ -1 & \sqrt{3} \end{pmatrix}\begin{pmatrix} \frac{1}{2} \\ k \end{pmatrix}$ 로 구해서
$\cos^2\theta + \sin^2\theta = 1$ 에 대입한다. 복잡하긴 하지만 항상 구할수 있다.

이차방정식을 풀 수 있는 일반 풀이법으로는 '근의 공식'이 있지만, 모든 이차방정식 문제를 '근의 공식'만으로 풀 수는 없다. 문제에서 주어진 조건에 따라 그 공식을 적용해야 할지, 다른 방법으로 풀 수 있을지 따져봐야 한다. 어떤 경우에는 일반 풀이법이 문제 해결 과정을 더욱 복잡하고 어렵게 할 수도 있다. 따라서 문제 상황에 따라 '인수분해'나 '근과 계수와의 관계'를 활용하는 방법이 더 효율적일 수 있다.

응용문제의 다양한 풀이법

수학 문제의 꽃은 바로 응용문제다. 응용문제는 여러 개념이 동시에 적용되고 주어진 상황에 따라 다르게 접근해야 하기 때문에 풀이 방법이 다양하다. 응용문제를 풀 때는 배워서 아는 지식을 무기로 삼는 것이 아니라 자신이 알고 있는 것을 바탕으로 임기응변할 수 있는 사고력을 가지고 승부해야 한다. 이 사고력은 어려운 문제를 만났을 때 피하지 않고, 자신이 아는 모든 것을 총동원해 어떻게든 풀어내겠다는 자세를 가질 때 진정으로 가능하다.

시험 때는 처음 보는 낯선 문제와 다양한 고난도 문제들을 빠르게 잘 해결하는 것이 가장 중요하다. 서울대 합격생들이 이런 문제들을 척척 풀어낼 수 있었던 이유는 단순히 문제 풀이 비법과 공식을 더 많이 알고 기억해서가 아니다. 똑같이 배우고 비슷한 기억력을 가진 조건에서 천차만별의 결과를 가져온 것은 사고력이고, 그것이 바로 수학 고득점의 비결이다. 사고력과 논리력은 단순히 공식 암기나 문제 풀이를 많이 한다고 해서 길러지지 않는다. 한 문제를 풀더라도 해결 방향을 다양한 각도에서 찾아보고 풀이법을 적용해보며 재치 있는 해법을 찾는 것을 즐길 때, 비로소 고난도 문제를 해결할 수 있는 사고력이 향상될 수 있다. 노트에 수학 문제를 정리할 때는 늘 새롭고 참신한 풀이법을 찾아보려는 노력을 해야 한다.

수학 문제의 풀이법에는 크게 일반 풀이법과 특수 풀이법이 있다. 일반 풀이법은 어떤 문제 상황에 적용해도 답을 구할 수 있으며, 특수 풀이법은 특정한 조건이 주어진 상황에서만 적용해 답을 구할 수 있다. 언뜻 보기에는 일반 풀이법이 만병통치약처럼 보이지만 꼭 그런 것만은 아니다. 왜냐하면 그 풀이 과정이 대개 좀더 복잡하기 때문이다. 가장 효과적인 풀이법은 문제의 상황이나 조건에 따라 다른 것이다.

⟨3/26⟩

02

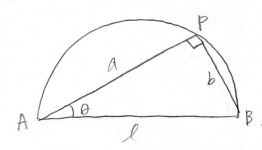

$3\overline{AP} + 4\overline{PB}$ 의 최대값은?

⟨삼각함수풀이⟩

$a = l\cos\theta$
$b = l\sin\theta$

$3a + 4b = 3l\cos\theta + 4l\sin\theta$

$= 5l(\sin(\theta+\alpha))$ $\left(\tan\alpha = \frac{3}{4}, \ 0 < \alpha < \frac{\pi}{2}\right)$

$\therefore \ \theta + \alpha = \frac{\pi}{2}$ 일때   최대값 $\boxed{5l}$

⟨인문계 전용풀이⟩

$3a + 4b = k$
$a^2 + b^2 = l^2$

$\therefore \ \dfrac{|k|}{\sqrt{3^2 + 4^2}} = l$ 일때 최대

$\therefore \ \boxed{k = 5l}$

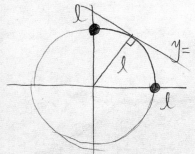

$y = -\frac{3}{4}a + \frac{1}{4}k$

▲ 습관의 발견 습관 5. 사고과정을 메모하며 정리한다

문제의 다양한 풀이법을 탐색하는 훈련은 사고력과 응용력을 길러준다. 수학 과목을 잘해야 하는 자연계열 학생이라면 모의고사를 보고 나서 인문계열 시험 문제도 살펴보자. 수학 문제의 경우, 인문계열과 자연계열의 교과 과정이 다르고 문제도 다르게 출제되지만, 공통으로 풀어야 하는 문제도 있다. 공통 문제의 경우, 문제 해결 방법은 자연계열과 인문계열 학생이 다를 수 있다. 자연계열의 수학 교과 과정에서 배운 개념이 아닌 인문계열 수학 과정만으로 문제를 풀 수 있는 방법을 확인해보자. 이를 통해 다양한 문제 풀이 방법을 찾을 수도 있고, 새로운 풀이법을 떠올릴 수도 있다. 그리고 탐구한 풀이법을 노트에 정리해 자기 것으로 만들어나가면 문제 해결력을 크게 향상시킬 수 있다.

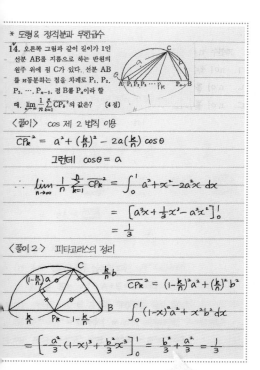

※ 도형 & 정적분과 무한급수

14. 오른쪽 그림과 같이 길이가 1인 선분 AB를 지름으로 하는 반원의 원주 위에 점 C가 있다. 선분 AB 를 n등분하는 점을 차례로 P_1, P_2, P_3, ..., P_{n-1}, 점 B를 P_n이라 할 때, $\lim_{n \to \infty} \frac{1}{n} \sum_{k=1}^{n} \overline{CP_k}^2$의 값은? [4점]

〈풀이〉 cos 제 2 법칙 이용

$$\overline{CP_k}^2 = a^2 + \left(\frac{k}{n}\right)^2 - 2a\left(\frac{k}{n}\right)\cos\theta$$

그런데 $\cos\theta = a$

$$\therefore \lim_{n \to \infty} \frac{1}{n} \sum_{k=1}^{n} \overline{CP_k}^2 = \int_0^1 a^2 + x^2 - 2a^2 x \, dx$$
$$= \left[a^2 x + \frac{1}{3}x^3 - a^2 x^2 \right]_0^1$$
$$= \frac{1}{3}$$

〈풀이 2〉 피타고라스의 정리

$$\overline{CP_k}^2 = \left(1 - \frac{k}{n}\right)^2 a^2 + \left(\frac{k}{n}\right)^2 b^2$$
$$\int_0^1 (1-x)^2 a^2 + x^2 b^2 \, dx$$
$$= \left[-\frac{a^2}{3}(1-x)^3 + \frac{b^2}{3}x^3 \right]_0^1 = \frac{b^2}{3} + \frac{a^2}{3} = \frac{1}{3}$$

도형 문제의 경우, 일반 풀이법과 특수 풀이법이 모두 다양하게 나올 수 있다. 한 문제에 대해서도 다양한 풀이법을 정리하는 노력을 꾸준히 할 때 사고력이 점점 향상될 것이다.

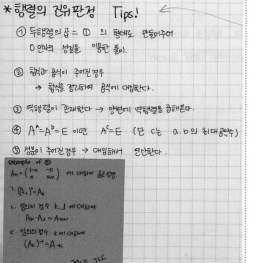

※ 행렬의 진위판정 Tips!

① 두 행렬의 곱 = ① 의 형태로 만들어주어 0 안의 성질을 이용한 풀이.

② 행렬과 공식이 주어진 경우
→ 합성을 정리하여 공식에 대입한다.

③ 역행렬이 존재한다 → 양변에 역행렬을 곱해본다.

④ $A^a = A^b = E$ 이면 $A^c = E$ (단 c는 a, b의 최대공약수)

⑤ 성분이 주어진 경우 → 대입해서 연산한다.

Example of ⑤
$A_n = \begin{pmatrix} 1-n & -n \\ n & 1+n \end{pmatrix}$ 에 대입하여 추리실험

ㄱ. $(A_2)^2 = A_4$

ㄴ. 임의의 경우 k, j에 대하여
$A_k \cdot A_j = A_{k+1}$

ㄷ. 임의의 경우 t에 대하여
$(A_t)^{-1} = A_{-t}$

정답 ㄱㄴㄷ

▲ **습관의 발견** 습관 5. 사고과정을 메모하며 정리한다
문제를 풀면서 자꾸 빼먹는 것과 헷갈리는 것, 또 풀이에 도움이 되는 정보를 포착하고 메모했다. 서울대 합격생들처럼 이렇게 메모들을 정리하고 반복적으로 확인하면서 완벽히 자기 것으로 만들면 실수를 줄일 수 있을 뿐만 아니라 문제를 풀 때마다 더 쉬운 방법을 모색하기 위해 노력하게 된다.

일반 풀이법은 기본으로 확실히 익혀두고, 특수 풀이법이 나올 때마다 계속 관심을 갖고 정리하면서 두 가지를 자유롭게 구사할 수 있을 때까지 꾸준히 문제 풀이를 훈련해보자. 훈련 과정에서 쌓은 '직감'은 문제를 빠르게 분석하고 풀이 방법을 구상하는 데 도움을 줄 것이다. 이처럼 일반 풀이법과 특수 풀이법을 모두 알면, 어떤 풀이법을 쓸 것인지 직감적으로 빠르게 판단하면서 문제를 푸는 수학 고수가 될 수 있다.

필수 요소 갖추기 ❹
자신만의 풀이 노하우

수학의 고수들은 일반 풀이법과 특수 풀이법을 자유자재로 구사하면서 자신만의 풀이 방법을 만들어나간다. 자신만의 풀이 방법을 갖기 위해서는 평소 부단한 노력이 필요하다. 여러 풀이법을 시도해보는 과정에서 시행착오를 거듭 겪는다. 이 과정을 거쳐야 자신만의 풀이 방법을 찾을 수 있고, 문제를 창의적으로 풀 수 있다. 어떻게 해서 문제를 틀리게 되었는지 실수한 과정까지 노트에 정리하고, 이것을 되새기면서 완전히 자기 것으로 소화할 때 자신만의 문제 풀이 노하우를 축적할 수 있다.

과목별 정리의 달인 Mini interview
수학 이민아 (서울대학교 사회과학계열 10학번)

실수하기 딱인 문제, 확실히 알 때까지

노트 정리 철학
확실히 아는 것만 쓰자!
대충 쓸 바에야 쓰지 말자!

- 노트 정리를 한 까닭은 …

노트에 적으면서 확실히 알게 되고,
실수도 보완할 수 있기 때문에 정리했어요.

- 수학 과목 노트를 정리하는 나만의 방법은 …

수업 시간에 들은 내용과 《수학의 정석》 을
재구성하는 식으로 정리했어요. 노트 정리 없이 공부하면
정리되지 않은 지식들이 산재해 있게 되더라고요.
그래서 맘먹고 한두 달 정도 꾸준히 정리했어요.
정리하려면 미리 공부를 해야 하고, 정리하는 과정에서도
공부가 되기 때문에 내용을 더욱 확실히 알게 되는 경우가 많았어요.
그리고 자주 틀리거나 실수하는 부분은 포스트잇으로 거의
도배하다시피 적어놓고 확실히 짚고 넘어가자고 자기 암시를 했었죠.
그래서 실수를 줄이게 되었고 약점도 보완할 수 있었어요.
수학 노트의 오른쪽은 내용, 왼쪽은 새로 알게 된 것들을
주로 정리했어요.

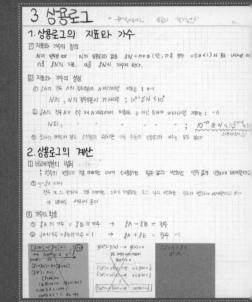

- 노트 정리와 수학 과목 성적의 상관관계는 …

저는 실수를 정말 많이 하는 편이었어요. 어떤 조건을 적용하지 않는다든지 하는 실수를요.
그런 것들을 따로 모아 적어놓았어요. 그리고 '실수하기 딱 좋은 거~!' 라고 제목을 써놓기도 했고요.
이렇게 실수를 줄였던 것이 성적을 올리는 데 크게 도움이 되었어요.

- 노트 정리를 시작하는 후배들에게 한마디 …

기본적이긴 하지만 개념은 꼭 적으면서 정리하고, 노트를 계속 보완하는 것이 중요해요.
만약 내가 어떤 내용에서 틀렸다면, 내가 노트에 정리한 내용에도 오류가 있는 거예요.
왜냐하면 노트는 내 생각이 반영된 것이니까요. 그래서 틀린 부분에 해당하는 노트 정리 부분을 찾아
수정하거나 보완하면서 제 머릿속에 들어 있는 내용도 수정하려고 노력했어요.
그런 과정을 통해서 개념도 탄탄하게 익히고 실수도 많이 줄일 수 있었고요.
시간을 내서 자기가 쓴 노트를 돌아보는 것은 정말 중요한 것 같아요.

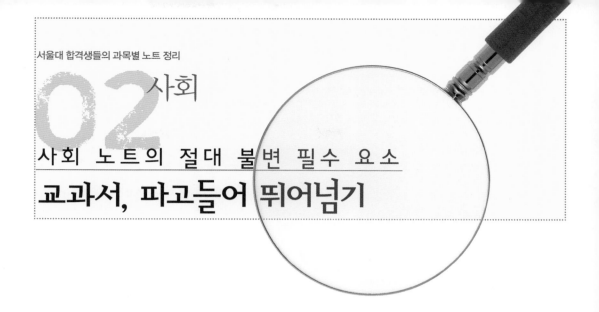

02 사회

사회 노트의 절대 불변 필수 요소
교과서, 파고들어 뛰어넘기

사회는 교과서가 가장 두꺼운 과목 중 하나다. 그만큼 담고 있는 내용이 많고 외워야 할 내용들이 넘쳐난다. 무작정 교과서에 있는 모든 내용을 외운다고 해서 시험에서 좋은 점수를 받을 수 있는 것도 아니다. 수능 시험에서는 매우 창의적이고 유연한 사고를 요구하므로 교과서에 나온 사회 현상을 다양한 시각으로 바라볼 수 있어야 좋은 점수를 받을 수 있다. 서울대 합격생들은 이러한 사회 교과의 특성에 따라 교과서를 파고들어 요약하고, 또 교과서를 뛰어넘어 재구성하는 노트 정리를 했다. 교과서를 읽거나 수업을 듣는 것만으로는 부족한 사회 교과의 공부를 위해, 서울대 합격생들은 어떻게 노트를 정리했는지 살펴보도록 하자.

공부해야 할 것은 모두 교과서에 있다

교과서에서 긴 글로 설명하고 있는 내용은 핵심적인 몇 개의 문장으로 요약 가능하다. 교과서는 학생들이 개념이나 흐름을 쉽게 이해할 수 있도록 돕기 위해 세세한 내용까지 설명하거나 개념과 개념 사이의 연결고리까지 모두 풀어 쓰고 있기 때문이다. 교과서에서 한 단원이 되는 분량을 참고서나 문제집에서는 한두 쪽으로 요약하고 있는 것만 봐도 알 수 있다. 하지만 참고서나 문제집에 요약되어 있는 것을 그대로 노트에 정리하는 것

한국근현대사 교과서의 목차를 따라 민족문화 수호운동을 정리했다. 민족문화 수호운동의 전개 과정은 일제의 식민 정책과 함께 이해해야 하므로 '일제의 식민지 문화정책'을 왼편에, '민족문화 수호운동'은 오른편에 배치해 각각 분야별로 제목을 붙여가며 세부 내용을 노트에 짧게 요약했다.

민족문화 수호운동

일제의 식민지 문화정책

1) 식민지 교육정책 : 우민화·황국신민화 정책
(천황에 충성하는 선량한 국민 육성)

◎ 조선 교육령

3·1운동 (1919)
- 제1차 (1911) : **보통학교**; 4년제, 일본어교육★ → 소학교; 6년
  p.227 (교과서) **실업학교** → 하급실무자, **전문학교**로 제한
- 사립학교령(8) → 사립학교규칙(11), 대학×, 서당규칙(18)
- 제2차 (1922) : 학제변경 ; 4년제 → 6년제

중·일전쟁 (1937)
    한국어 필수과목
    대학설립가능 → 민립대학 설립운동 (1922)

국민학교령 (4차) (심상소학교→국민학교) 한국어 폐지
- 제3차 (1938) : 한국어 선택과목(수의과목)
    황국신민서사 암송 강요 → 4학년까지
    보통학교 → 심상소학교/고등학교 → 중학교
- 제4차 (1943) : 교육(전시비상)조치령, 군사교육 (전쟁)
    한국어 과목 폐지

※ 사립학교규칙, 국민학교령, 서당규칙은 조선교육령에 포함× ?

2) 한국사 왜곡 → 식민통치 합리화
- 타율성론 : 한국사는 외세의 압력과 간섭에 의해 전개
    → 임나일본부설, 만선사관
- 정체성론 : 한국사는 고대 사회 단계에서 정체
    → 봉건사회 결여론 (= 중세 봉건제 부재론)
- 당파성론 : 한국사의 오랜 당파싸움은 민족성에 기인

- 조선사편수회, 청구학회 → 식민사관 연구 《조선사》
  (1925) ×   조선사 편찬위원회   장단학회 (실증사학)

3) 언론정책
- 1910's : 대한제국기의 신문 폐간, 총독부 기관지 《매일신보》 발간
- 1920's : 조선·동아일보 발행 허용 but 검열, 기사삭제
- 1930's : 언론탄압강화 (80) 동아일보 일장기 삭제 사건 (1936)
- 1940's : 조선·동아일보 폐간 (1940) → 조선·동아일보 : 1920~40

4) 종교탄압
- 기독교 : 안악사건 → 황해도지방) 기독교↑, 105인사건, 신사참배강요
- 불교 : 사찰령(1911) → 사찰을 총독에 귀속시킴
- 천도교 : 감시강화, 지방교구 폐쇄
- 대종교 : 일제탄압 → 만주로 이동

민족 문화 수호 운동

1) 국어연구 및 민족교육운동

① 국어연구
- 조선어 연구회 (1921) : 한글보급, 잡지 "한글", 가갸날 제정 → 자음까지방행
- 조선어 학회 (1931) : 한글맞춤법 통일안, 표준어 제정, (최현배, 이윤재, 이극로)
  우리말 〈큰사전〉 편찬시도 → 실패
  ※ 조선어학회 사건 (1942) : 치안유지법으로 탄압 → 해체

② 민족교육운동   이상재
- 조선교육회 (1920) : 민립대학설립운동 주도
- 사립학교 : 근대적 지식보급
- 개량서당 : 유학 청년 교육 내용을 개편 } 민족교육, 항일운동의 거점
- 야학 : 사립학교와 개량서당 계승, 1920's, 가난한 민중대상
    민족교육 + 실용적교과, 1931년 이후 쇠퇴
- 과학대중화운동 : 발명학회 (1924) - 과학조선 (1933)

2) 한국사 연구
- 민족주의 사학 : 우리 역사의 자주적 발전과 문화의 우수성 강조
  - 박은식 : 민족혼 - 한국독립운동지혈사, 한국통사
  - 신채호 : 낭가사상 - 조선상고사, 조선사연구초
  - 정인보 : 조선의 얼 - 조선사연구, 5천년간 조선의 얼   근대계몽사상
  - 문일평 : 조선심 - 한·미 외교 50년사
- 사회경제사학 : 유물사관 - 세계사의 보편적 발전 법칙
    ⇒ 정체성론 비판, 민족주의 사학 비판
  백남운 : 조선사회경제사, 조선봉건사회경제사
- 실증사학 : 랑케사학 - 객관적 사실 근거, 문헌 고증
  이병도, 손진태 - 진단학회 (1934), 진단학보

3) 종교활동
- 기독교 : 3·1운동, 신문화운동, 신사참배거부운동
- 불교 : 조선불교유신회 조직 (1921), 3·1운동
- 천도교 : 3·1운동, 제2의 3·1운동계획 《개벽》 발행
    보성학원, 보성사 인수, 6·10만세운동 영향
- 대종교 : 중광단 → 북로군정서
- 천주교 : 의민단
- 원불교 : 박중빈이 창시 (1916), 개간사업 - 저축운동·생활개선운동

▲ 습관의 발견 습관 1. 핵심을 파악하며 정리한다
    2. 체계를 생각하며 정리한다
일제의 식민지 문화정책과 민족문화 수호운동이라는 큰 범주에 속하는 하위 항목들을 체계를 고려하면서 핵심 내용을 정리했으며, 중요한 내용은 빨간색, 초록색 등의 색깔 펜을 사용해 강조했다.

ⒸYellow Submarine

V. 공업지역

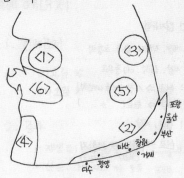

1. 종합 (중화학 + 첨단 + 경공업)

- 남서 (인천~시흥~안산) : 제조업
- 남동 (수원~용인~ 여주) : 첨단산업
  → 삼성, 하이닉스

2. 중화학 + 항구 (적환지)

(1) 포항 : 제철

(2) 울산 : 석유화학, 자동차, 비철금속 (온산 애) 온산병
  → S-이二, SK, 현대 중공업)

(3) 부산 ┌ 신발, 피혁 (→ 녹개 공장)
      └→ 자동차 (삼성), 제 1의 무역항 (컨테이너 시설)

(4) 창원 : 기계 (두산 중공업), 계획도시

(5) 아산 : 경공업, 수출 자유지역 (보세구역)

(6) 거제 : 조선 (대우 조선소)

(7) 광양 : 제철 (포항제2제철), 자유 무역지대, 제2의 부산항

(8) 여수 : 석유화학 (GS 칼텍스)

※₁ 제철 : 포항, 광양, 당진 (인천은 정확히 '제강')
　석유화학 : 울산, 여수
　조선 : 울산, 거제, 부산 (삼성, 한진 조선소)

※₂ 계획도시 : 안산, 창원

※₃ 기반산업 발달 도시 : 포항, 창원

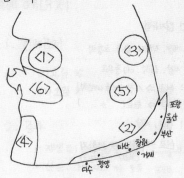

3. 원료

(1) 교통불편 ┐
(2) 자원고갈 ├→ 쇠퇴→ 관광 산업 육성
(3) E 소비구조변화 ┘

4. 안타까움 (산업화과정에서 소외)

(1) 국토의 균형발전

(2) 대중국 교역의 기지

　┌ 군장산업단지 : 자동차, 금속 제련
　└ 대불공업단지 : 중화학 공업

5. 영남 내륙 ←→ 남동 임해
　경공업　　　　　　중화학
　육상 교통　　　　　항구

(1) 대구, 구미

(2) 섬유, 영상, 전자

(3) 밀라노 프로젝트, 섬유 르네상스
　(∵ 90년대 이후 탈 공업화 타격↑)

6.

A/B가 다름

(1) 중부 내륙 (대전, 청주) : 첨단산업 (대덕, 하이닉스 반도체)

(2) 아산만 : 중화학 공업

　┌ 평택 : 자동차 (기아, 쌍용), 평택항 (제 2의 인천항)
　├ 아산 : 자동차
　├ 당진 : 제철 (현대제철소), 영흥화력발전소 (두번째로 큼)
　└ 서산 : 대산 석유화학 단지

※ 　광주 ┌ 장성 : 시멘트
　　　　└ 화순 : 무연탄

　　　　장성
　　　　화순

은 공부에 전혀 도움이 되지 않는다. 공부의 기본은 스스로 생각하는 이해와 암기다. 시험 직전 시간이 부족하다며 핵심만 간단히 요약된 문제집을 보고 공부했다가 좋은 성적을 받지 못한 경험이 많을 것이다. 사회 과목 노트 정리의 핵심은 정리가 끝난 후 완성된 겉모양이 아니라, 교과서에 설명된 내용을 스스로 요약하는 과정에 있다.

필수 요소 갖추기 ❶
소제목은 뽑고, 요약문은 쓰고

사회 과목 노트 정리에서 가장 중요한 것은 교과서 내용을 자신의 말로 풀어 노트에 요약하는 동안, 개념이나 내용의 맥락에 대해 천천히 생각하고 이해하는 시간을 갖는 것이다. 그러나 교과서에 빼곡이 들어 있는 모든 내용을 스스로 요약해 정리하는 것은 쉬운 일이 아니다. 서울대 합격생들은 사회 과목을 노트에 정리하기 위해 먼저 교과서 내용을 세분화했다. 그리고 세분화한 내용에 소제목을 붙여 요약하는 글을 노트에 썼다. 소제목은 세부 내용의 주제를 간결하게 표현하는 방식으로 뽑았다. 교과서 내용을 세분화하고 소제목을 뽑는 것이 어렵다면, 교과서의 단원 체계를 기준으로 내용을 나누고 소제목을 자신만의 말로 바꿔 뽑아보도록 한다.

필수 요소 갖추기 ❷
압축한 연관 개념

사회 과목은 동일한 개념의 틀을 적용해 여러 차례에 걸쳐 내용을 설명할 때가 많다. 아래는 국사 교과 내용이다. 고대의 통치 제도를 설명할 때 귀족회의, 수상, 중앙관제 등의 틀을 적용해 고구려, 백제, 신라, 통일신라, 발해 순으로 그 내용을 차례대로 하나씩 설명했다. 예컨대 고구려의 통치 제도를 보면 귀족회의인 제가회의, 수상의 명칭인 대대로 등을 차례로 설명한 다음, 백제에서 다시 같은 틀로 설명하는 식이다. 이 내용들은

	귀족회의	수상	중앙관제	지방행정	군사조직	
통일신라	화백회의	상대등	집사부외 13부	9주 5소경	9서당 10정	상수리제도 (지방세력견제)
발해	정당성	대내상	당의 3성 6부제 모방 →독자적 운영	5경 15부 62주	10위 (중앙군인)	
고구려	제가회의	대대로 (막리지)		5부		
백제	정사암회의	상좌평	6좌평 →22부	5방	방령 (장군)	
신라	화백회의	상대등	병부. 집사부	5주	정 (군주)	

◀ <u>습관의 발견</u> 습관 1. 핵심을 파악하며 정리한다
2. 체계를 생각하며 정리한다
4. 한눈에 들어오도록 정리한다
표를 활용해 연관이 있는 내용들을 항목별로 묶어서 체계를 잡고, 많은 내용을 압축하는 핵심어를 뽑아 한눈에 볼 수 있도록 정리했다.

동일한 틀로 모두 묶을 수 있다. 노트에 그 내용을 뽑아서 모아놓거나 표로 정리하면 훨씬 간결하게 압축할 수 있고, 내용을 비교하거나 대조할 수 있어 암기할 때도 편하다.

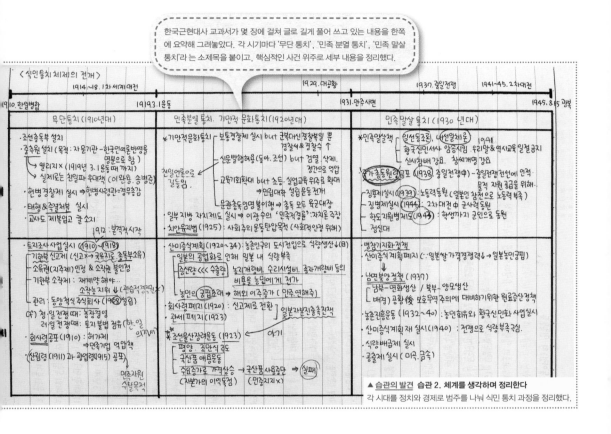

한국근현대사 교과서가 몇 장에 걸쳐 글로 길게 풀어 쓰고 있는 내용을 한쪽에 요약해 그려놓았다. 각 시기마다 '무단 통치', '민족 분열 통치', '민족 말살 통치'라는 소제목을 붙이고, 핵심적인 사건 위주로 세부 내용을 정리했다.

▲ 습관의 발견 습관 2. 체계를 생각하며 정리한다
각 시대를 정치와 경제로 범주를 나눠 식민 통치 과정을 정리했다.

교과서, 나만의 교과서로 다시 만든다

　　서울대 합격생들의 사회 노트를 살펴보면 눈에 띄는 특징이 하나 있다. 교과서 내용을 그대로 구성해 노트를 정리하기보다 자기 방식대로 교과서의 내용들을 재조합해 정리했다는 것이다. 재조합한다는 것은 내용에 대한 이해가 충분히 이루어진 상태로 머릿속에 각 과목에 대한 전체 틀과 세부 내용이 들어와 있을 때 가능한 일이다. 교과서나 참고서는 어떤 개념이나 사건을 별도의 주제로 다루고 있지만, 자신이 판단하기에 유사한 점이 있으면 다른 기준으로 묶어볼 수 있다. 자신이 만든 새로운 기준으로 다시 정리하는 과정은 이해의 수준을 교과서적인 것에서 한발 더 나아가 교과서를 뛰어넘는 수준으로 보다 심층적이고 유연하게 하는 것이다. 실제로 수능 시험이 평가하는 것은 학교에서 배

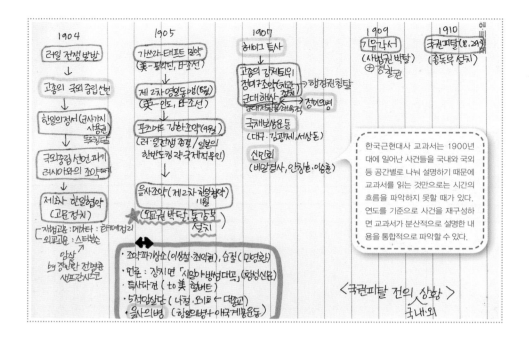

운 내용을 실제 현실 속에 얼마나 적용시킬 수 있는지, 다른 내용에 얼마나 응용할 수 있고 연결시킬 수 있는지 하는 것들이다. 하지만 이것은 교과서를 읽는 것만으로는 힘들다. 교과서는 이미 완성된 틀인 목차와 체계로 구성되어 있다. 따라서 교과서 내용을 이해하기 위해 정독하거나 교과서에 맞춘 수업만 따라가다 보면 교과서의 논리를 좇는 데 익숙해진다. 노트 정리는 교과서에서 벗어나 자신만의 생각으로 새롭게 내용을 구성하는 장이어야 한다. 여기서 말하는 새로운 내용이란 교과서에 없는 내용이 아니라 이미 있는 개념 덩어리들을 단지 다른 방식으로 조합하는 것을 말한다. 서울대 합격생들은 '시간순'으로 정리하는 방법과 '주제별'로 기준을 잡아 내용을 엮는 방법을 사용했다.

필수 요소 갖추기 ❶
시간순으로 흐름이 보이도록

　　역사 과목의 경우 시간순으로 일어난 사건을 파악하는 것이 가장 중요하다. 전에 일어나는 사건이 후에 일어났던 사건의 원인이 되는 경우가 많기 때문에 사건의 앞뒤 관계를 파악하고 그 안에서 흐름을 잡아내는 것이 이해에 도움이 된다. 또한 시간적 흐름을 한눈에 볼 수 있도록 정리하면 각각을 분산시켜 암기하는 것보다 훨씬 효율적으로 내용을 연결시켜 기억할 수 있다.

고려문화7

	초기	**중기**	**후기**
역사서	7대실록 (편년체) 시간순	삼국사기 (기전체) ↳ 본기.세가. 열전.. 신라계승의식 유교적 사대주의 관점.	일연 「삼국유사」 이승휴 「제왕운기」 각훈 「해동고승전」 이규보 「동명왕편」
교육	관학↑(국자감. 향교)	┌ 사학↑ - 최충 (문헌공도) └ 관학↓ - 진흥책 ┌ 7재 청연각 보문각	국자감 → 성균관

과학

┌ 인쇄기술 (목판 - 초조대장경 → 속장경 → 팔만대장경) → 금속활자 (상정고금예문. 직지심체요절)
│   거란침입시   의천   몽고침입시 만듦   (1234)   (1377)
│   만듦   → 보완판
│   └──────┘
│   몽고침입시 소실.
└ 최무선(화약)

건축

주심포 → 다포 / 기둥(배흘림). 지붕(귀솟음) / 봉정사 극락전. 부석사 무량수전 ‾주심포
(깔끔)   (화려)

귀솟음
배흘림

＊ ┌ 주심포 : 기둥1. 포1
　└ 다포 : 화려하게 하기위해 사이에 장식용 공포를 넣음.

불상

불상 - 조형미↓ 광주 춘궁리 철불. 관촉사 미륵 보살
                              ↳ 호족이 자기얼굴 새김
                                (지방문화↑)

탑

탑 - 형식파괴. 월정사 8각 9층석탑. 경천사 10층석탑.
              ↳형식 파괴   ↳3층X : 형식파괴

고려 시대의 문화를 역사서, 교육, 과학, 건축, 불상, 탑 등의 주제별로 항목을 나누고 각 항목을 초기, 중기, 후기라는 시간적 흐름에 따라 구분해 핵심 내용을 정리했다. 노트 왼쪽에는 주제별 항목을, 윗부분에는 시간적 흐름을 배치해, 고려 시대 문화의 전체 양상을 한눈에 볼 수 있도록 잘 정리했다.

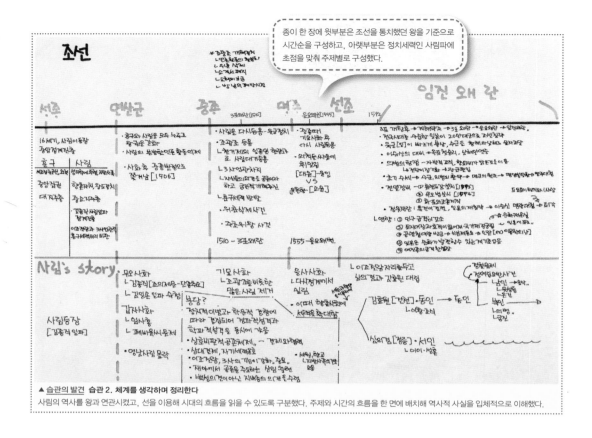

▲ 습관의 발견 **습관 2. 체계를 생각하며 정리한다**
사림의 역사를 왕과 연관시켰고, 선을 이용해 시대의 흐름을 읽을 수 있도록 구분했다. 주제와 시간의 흐름을 한 면에 배치해 역사적 사실을 입체적으로 이해했다.

필수 요소 갖추기 ❷

주제별로 내용이 보이도록

사회 과목을 공부하다 보면 공통된 주제로 묶을 수 있는 내용이 서로 다른 단원에 흩어져서 나오는 경우를 종종 볼 수 있다. 국사 과목에서 고대 삼국의 발전 과정은 공통점을 갖고 있다. 바로 '중앙집권화'를 위한 노력이 이루어지고 나라의 기틀이 잡힌 후에 정복 활동을 했다는 사실이다. 교과서는 고구려, 백제, 신라의 중앙집권화를 위한 노력이 다른 시기에 나타났기 때문에 각 나라의 역사 시대에 맞춰 따로따로 설명하고 있다. 이를 중앙집권화라는 주제로 묶어 공통적으로 일어난 내용과 각국의 차이점을 정리해두면 핵심 주제와 맥락을 파악할 수 있다. 또한 세 나라의 중앙집권화 과정을 함께 놓고 차이점을 비교해보면 신라가 삼국통일을 달성할 수 있었던 진정한 이유를 생각해볼 기회를 가질 수 있다. 주제별로 노트 정리를 해보면 이와 같이 내용을 심도 있게 이해할 수 있으며, 다각도에서 생각해볼 수 있다.

나만의 언어로 만든 나만의 짬뽕 노트가 나에게 남는 공부!

노트 정리 철학
배운 것을 그대로 적지 말자.
스스로 다시 정리해서 하나로 묶자!

노트 정리를 한 까닭은 …

노트에 체계적으로 내용을 정리하는 과정에서
머릿속에도 입력할 수 있다는 장점 때문에 노트 정리를 했어요.
노트를 다시 볼 때 머릿속에서 또 한 번 정리가 되기 때문에
큰 도움이 되었죠.

사회 과목 노트를 정리하는 나만의 방법은 …

사회 과목은 '얼마나 체계적으로 정리하는가' 와
'그 체계적으로 정리한 것을 얼마나 반복적으로 정리하면서
흐름을 파악하는가' 하는 두 가지 요소가 중요해요.
그래서 수업 시간에 들었던 선생님 말씀과 교과서, 참고서,
문제집 등에 여기저기 흩어져 있는 내용들을 하나로 모아서
체계적으로 정리하는 데 중점을 두었어요.
교과서의 단원 체계와 EBS 강의나 교재의 단원 체계를
살펴보면서 순서나 내용이 중복되는지 잘 확인한 다음,
한 번에 조합했어요.
교과서와 EBS 교재를 짬뽕시켜서 노트를 완성한 셈이죠.
예를 들면, 근현대사 과목의 경우 내신과 수능 공부도 할 겸 여러 가지 문제집을 모두 보고 단권화를 했어요.
일제 시대를 다루는 부분의 경우, 교과서와 EBS 교재의 내용이 다르게 나누어져 있었거든요.
일제의 식민 정책과 우리나라의 대응 방법이 교과서에서는 따로 떨어져 있었는데,
제가 생각할 때에는 서로 관련되는 부분이라 한눈에 보기 좋도록 모아놓고 둘을 비교하면서 정리했어요.

노트 정리를 시작하는 후배들에게 한마디 …

무엇보다도 스스로 주체가 되어 노트 정리를 하는 것이 좋아요.
어떤 내용을 정리하더라도 나만의 언어로 표현해서 정리할 때 자신에게 남는 공부가 된다고 생각해요.

과목별 정리의 달인 Mini interview
사회 **이슬** (서울대학교 정치학과 09학번)

사회 노트의 정리 비법은 가지 묶기

노트 정리 철학
정리하는 목적을 항상 생각하자!
정리를 위한 정리는 하지 말자!

―노트 정리를 한 까닭은 …
저는 배운 내용들을 머릿속에 집어넣기 위해서 노트 정리를 했어요.

―사회 과목 노트를 정리하는 나만의 방법은 …
고1 때 배우는 국사의 경우, 어차피 고3 때 다시 봐야 하니
'지금 제대로 정리를 해놓고 고3 때 이걸로 공부하자' 는
생각으로 노트 정리를 했어요.
수업 시간에는 교과서 옆에 바로바로 필기를 하고,
집에 와서 노트를 정리했어요. 매일 밀리지 않으려 했고,
밀리면 주말에 날 잡아서 집중적으로 정리하기도 했고요.
주로 자습실에서 많이 했어요.
선생님의 수업 내용과 참고서를 바탕으로 정리했고, 필요한 경우에는
제가 내용을 보면서 연표나 도표를 스스로 만들기도 했어요.
물론 정리하기 전에 교과서나 참고서를 충분히 읽어놓았기에
연표나 도표를 정리할 수 있었지요. 글로만 길게 설명된 내용은
정리가 잘되지 않았기 때문에 직접 그린 그림이나 도표도 활용했고,
특히 많은 내용들이 나열되어 있을 때에는 가지묶기 같은 방법으로
하위 개념을 묶었는데 내용을 이해하는 데 큰 도움이 되었어요.
전부 다 손으로 써서 정리하는 것이 부담스러우면,
참고서 한 권을 기준으로 삼고 거기에 관련 내용들을 추가하거나 보완해나가는 방법도 괜찮아요. 처음부터 다 정리하겠다는
마음가짐보다 좋은 자료들을 잘 활용하며 정리하겠다는 마음가짐이 더 현명하다고 생각해요.

―노트 정리를 시작하는 후배들에게 한마디 …
예쁘게 하는 것에 너무 치중하면 성과가 잘 나오지 않아요.
정리를 하면서 외우려고 하고 머리에 넣으려고 하는 노력이 뒷받침될 때, 노트 정리의 진정한 성과가 나온답니다.

03 과학

과학 노트의 맥을 잡아주는 필수 요소
지식은 꼼꼼하게, 원리는 논리적으로

과학은 공부해야 할 분량도 많고, 이해와 암기라는 두 마리 토끼를 잡아야 하는 까다로운 과목이다. 하지만 노트 정리를 제대로 한다면 얼마든지 자신 있는 과목으로 만들 수 있다. 과학 과목에서는 주로 기본 개념, 실험과 원리, 응용 및 새로운 현상 해석 등과 관련된 문제가 출제된다. 이러한 문제에 대비하기 위해 노트 정리를 할 때는 기본이 되는 과학 지식들을 꼼꼼하게 정리하고, 원리는 논리적으로 이해할 수 있도록 정리해야 한다.

과학 지식을 꼼꼼하게 정리한다

과학 공부의 목표는 수많은 자연 현상을 관찰하면서 발견한 과학적 지식을 바탕으로 새로운 현상을 해석하고, 앞으로 어떤 현상이 나타날 것인지를 예측하는 것이다. 그렇기 때문에 기본이 되는 지식들을 차근차근 정리하면서 필요한 것은 암기하는 동시에 이해하려고 노력해야 한다. 과학 과목은 기본 개념과 지식을 숙지한 가운데 논리적으로 접근해야 문제를 해결할 수 있다. 따라서 먼저 내용의 논리적 흐름을 파악하고 암기할 내용을 그 흐름에 따라 꼼꼼하게 정리해야 한다. 이렇게 한번 내용을 정리하면, 시간이 지나 잊어버리는 내용이 있더라도 논리적 흐름을 좇아 다시 내용을 떠올릴 수 있다.

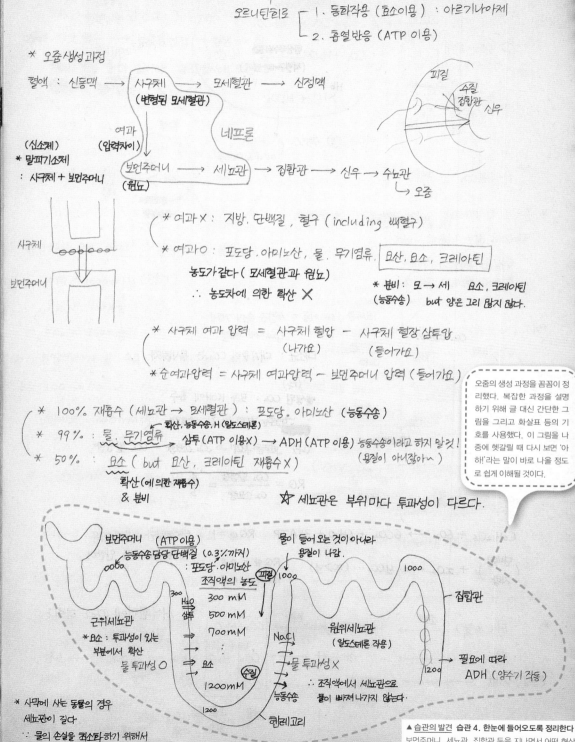

* 단백질 : C, H, O, N → CO_2, NH_3, H_2O →(간) $CO(NH_2)_2$ → 오줌이나 땀으로 배출.

오르니틴회로 ┌ 1. 동화작용 (효소이용) : 아르기나아제
           └ 2. 흡열반응 (ATP 이용)

* 오줌 생성과정

혈액 : 신동맥 → 사구체 → 모세혈관 → 신정맥
              (변형된 모세혈관)

여과   네프론
(압력차이)

(신소체)
* 말피기소체
 : 사구체 + 보먼주머니

보먼주머니 → 세뇨관 → 집합관 → 신우 → 수뇨관
(원뇨)   → 오줌

피질
수질
집합관
신우

사구체
보먼주머니

(* 여과X : 지방, 단백질, 혈구 (including 백혈구)

 * 여과O : 포도당, 아미노산, 물, 무기염류 [요산, 요소, 크레아틴]
   농도가 같다 (모세혈관과 원뇨)
   ∴ 농도차에 의한 확산 X

 * 분비 : 모 → 세   요소, 크레아틴
   (능동수송) but 양은 그리 많지 않다.

 * 사구체 여과 압력 = 사구체 혈압 - 사구체 혈장 삼투압.
                    (나가요)   (들어가요)

 * 순여과압력 = 사구체 여과압력 - 보먼주머니 압력 (들어가요))

* 100% 재흡수 (세뇨관 → 모세혈관) : 포도당, 아미노산 (능동수송)
                      확산, 능동수송, H (알도스테론)
* 99% : 물, 무기염류 → 삼투 (ATP 이용X) → ADH (ATP 이용) 능동수송이라고 하지 말것!
                                                    (용질이 아니잖아~)
* 50% : 요소 (but 요산, 크레아틴 재흡수 X)
         확산(에 의한 재흡수)
         & 분비   ☆ 세뇨관은 부위마다 투과성이 다르다.

오줌의 생성 과정을 꼼꼼이 정리했다. 복잡한 과정을 설명하기 위해 글 대신 간단한 그림을 그리고 화살표 등의 기호를 사용했다. 이 그림을 나중에 헷갈릴 때 다시 보면 '아하!'라는 말이 바로 나올 정도로 쉽게 이해될 것이다.

보먼주머니 (ATP 이용)
능동수송담당 단백질 (0.3%까지)
:포도당·아미노산
조직액의 농도
300 mM
500 mM
700 mM
요소
1200mM
1200

근위세뇨관
* 요소 : 투과성이 있는 부분에서 확산
물 투과성 O

300 H2O 삼투

물이 들어오는 것이 아니라 용질이 나감.
피질 1000
수질
1000
1200
헨레고리
NaCl
물 투과성 X
∴ 조직액에서 세뇨관으로 물이 빠져나가지 않는다.
능동수송

원위세뇨관
(알도스테론 작용)

1000
1200
집합관

→ 필요에 따라
ADH (양수기 작동)

* 사막에 사는 동물의 경우
  세뇨관이 길다
  ∴ 물의 손실을 최소화하기 위해서

▲ 습관의 발견 습관 4. 한눈에 들어오도록 정리한다
보먼주머니, 세뇨관, 집합관 등을 지나면서 어떤 현상이 일어나는지 한눈에 볼 수 있도록 꼭 필요한 내용을 화살표 등을 활용해 깔끔하게 정리했다.

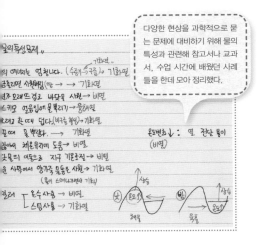

필수 요소 갖추기 ❶

기본 개념과 성질은 차근차근

과학 과목은 다양한 현상들을 공부하기 때문에 알아야 할 용어도 많고 실험도 많다. 하지만 어렵고 양이 많다고 해서 다급해하거나 부담감에 압도되어서는 안 된다. 기본적인 지식부터 하나씩 차근차근 생각하면서 정리해나가면 어떤 개념이라도 충분히 이해할 수 있다. 또한 한 번 정리할 때에 확실히 해두면 당장은 시간이 더 오래 걸리지만 장기적으로는 다시 공부하는 수고를 덜기 때문에 시간을 아끼는 법이 된다.

필수 요소 갖추기 ❷

과학적 현상은 한 단계씩

복잡한 과학 현상의 모든 과정을 세세히 이해하고 외우려는 것은 효과적이지 못하다. 많은 등장인물이 나오는 소설을 읽을 때는 이야기의 흐름에 따라 인물들을 한 명씩 파악해가는 것처럼, 복잡한 현상도 전체적인 흐름을 파악하고 하나씩 정리해나가야 한다. 복잡한 과정은 순서대로 하나씩 그림을 그려 정리하면 이해가 쉽다. 그림으로 한 단계씩 이해하면 핵심을 찾을 수 있고, 효과적으로 공부할 수 있다.

필수 요소 갖추기 ❸

사례를 꼼꼼하게

과학적 개념이나 원리는 사례와 함께 공부하면 이해에 큰 도움이 된다. 배우고 공부했던 내용을 탄탄하게 다지기 위해서는 개념과 관련된 사례들을 한곳에 모아 정리하는 것이 필요하다. 그리고 개념에 소개된 특성이 각 상황에서 어떻게 적용되는지 생각하며 정리하는 과정에서 사고력이 향상될 수 있다.

73. 다음 그림은 대기 대순환의 풍향(⟹)과 표층 해류의 순환(→)을 모식적으로 나타낸 것이다.

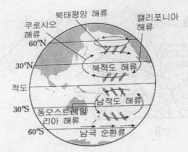

위 그림에 대한 해석으로 옳지 <u>않은</u> 것은?

① 적도 부근 해역에서는 용승 현상이 일어난다. ✎
② 표층 해류의 순환은 적도에 대해 대칭성을 보인다. ✎
③ 남적도 해류를 형성하는 근본적인 힘은 무역풍이다. ✎
④ 북태평양 해류에서는 수압 경도력이 고위도로 작용한다.
⑤ 적도 부근의 해역은 위도 30°N 부근의 해역보다 해수면이 높을 것이다.

④ 30°~60°N 사
30°N방향으로
했어. 그럼, 30°
에서 60°N으로
해수면이 낮아져
따라서 수압 경도
고위도로 작용하
경도력의 오른쪽
방향인 동쪽으
해류가 흐르게

⑤ 문제의 그림을 보면 적도~30°N 사이의 해역에서는 남서 방향으로 무역풍이
사이의 해역에서는 북동 방향으로 편서풍이 불어.
바람이 한 방향으로 계속 불면 에크만 수송이 생기는데, 북반구에서는
오른쪽 직각방향으로 해수가 이동하잖아. 따라서 무역풍에 의해 적도~30°
해수는 30°N 방향으로 북상하고, 편서풍에 의해 30~60°N 사이의 해
방향으로 남하하게 돼. 그러니까 적도 부근에서는 해수면이 낮아지고,
에서는 해수면이 높아지지.

① 적도 부근 해역에서는 북동 무역풍과 남동 무역풍이 불기 때문에 적도의 해수
수송에 의해 남반구와 북반구의 고위도로 이동해. 따라서 심층의 해수가
적도 용승이 일어나게 되는 거야.

② 표층 해류는 바람으로부터 순환에 필요한 에너지를 얻기 때문에 표층 해
대기 대순환과 밀접한 관련이 있어. 대기 대순환의 풍향이 북반구와
대칭적이니까 표층 해류의 순환도 적도에 대해 대칭성을 보이게 되는 거지

③ 문제의 그림을 보면 남적도 해류는 무역풍대에 형성되어 있어. 즉, 무역풍
해수가 이동하고, 그 결과 수압 경도력과 전향력이 평형을 이루는 남적
형성되는 거야.

그림과 같이 어느 해 (겨울철)에 해수면 위를 통과해 온 공기가 산을 넘어가고 있다. 다음 중 이 공기가 산을 넘어갈 때 A와 B에서 일어날 수 없는 현상?

공기의 흐름

A

산

등

B

바다

A : 안개가 낀다
B : 푄 현상이 나타난다

겨울철에는 바다가 육지에 비해 따뜻한 편이므로 바다를 통과해 온 공기는 비교적 따뜻해. 그리고 이 공기는 바다 위에 있었으므로 수증기를 많이 포함하고 있지. 공기가 찬 지표면을 지나게 되어 냉각되면 상대 습도가 높아져서 안개가 쉽게. 그래서 해안가에서 안개가 잘 생기는거야. 이 공기가 계속해서 산을 타고 올라가다보면 기온이 점점 더 낮아져서 상승 응결 고도에 이르게 돼. 그래서 비를 내리기도 하지.

공기가 산 꼭대기에서 B지역으로 내려오기 시작하면 고도가 낮아지므로 온도가 상승하게 돼. 따라서 산을 넘어온 공기는 산을 넘기 전보다 고온 건조해지는데, 이런 현상을 푄 현상이라고 해. (ex) 영서지방의 높새바람.

비는 공기가 상승하여 구름이 만들어져야만 내릴 수 있어. 따라서 비가 오는 것은 산을 오르기 시작한 후에야 가능하다. 한편 바다에서 비교적 따뜻한 공기가 다가오므로 A지역은 따뜻해질 거야. 또한 산 위에서 건조한 공기가 내려오면서 온도가 상승하므로 B지역도 기온이 높아질 거야.

3월 17번.

〈그래프 해석〉

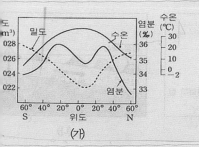

(가)

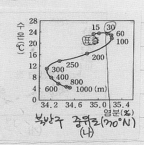

북반구 중위도(30°N)
(나)

▲ 습관의 발견 습관 3. 논리적으로 설명하며 정리한다
시험에서 틀렸던 '대기 대순환' 문제를 철저하게 파헤쳤다. 선생님이 문제를 설명해주듯, 스스로에게 각 보기들을 차례로 설명하는 방식으로 정리했다. 단순히 해설집의 설명을 요약하거나 옮겨 적지 않고, 대기 대순환과 관련된 개념을 두루 섭렵해 자신에게 설명해봄으로써 이 문제에 대한 관련 개념까지 완전하게 파악하려고 했다.

©Disney

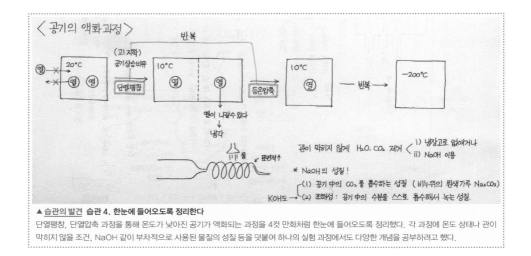

▲ 습관의 발견 **습관 4. 한눈에 들어오도록 정리한다**
단열팽창, 단열압축 과정을 통해 온도가 낮아진 공기가 액화되는 과정을 4컷 만화처럼 한눈에 들어오도록 정리했다. 각 과정에 온도 상태나 관이 막히지 않을 조건, NaOH 같이 부차적으로 사용된 물질의 성질 등을 덧붙여 하나의 실험 과정에서도 다양한 개념을 공부하려고 했다.

핵심 원리는 논리적으로 설명한다

많은 학생들이 과학의 원리를 딱딱한 정보와 날카로운 지식으로 냉철하게 이해하려고 한다. 그러나 과학의 원리에도 재미있는 이야기가 있다. 관찰이나 실험도 그 목적과 의도와 배경이 있고, 진행되는 과정에서 어떤 조건이나 상태를 유지하는 데도 모두 사연이 있다. 과학의 이야기를 파악해 노트 정리를 하면 원리를 이해하는 데 도움이 된다.

필수 요소 갖추기 ❶
원리는 이야기하듯이

원리는 다른 사람에게 이야기하듯 설명해보면 쉽게 이해할 수 있다. 이 과정에서 이야기를 설득력 있게 하기 위해 스스로 내용을 점검하고 이야기 속에 뼈대를 만들게 되기 때문이다. 노트에 정리할 때도 노트와 마치 대화하듯 글을 쓰면 좋다.

필수 요소 갖추기 ❷
시각 자료는 만화를 그리는 것처럼

원리를 정리할 때는 호기심과 의문을 가지고 '왜?'라는 질문을 자기 자신에게 계속 던져가면서 논리적으로 생각을 풀어나가는 것이 중요하다. 노트에 스스로 설명하는 글을 쓰거나 원리를 말과 글로 설명하는 것이 한계가 있다면 그림으로 나타내볼 수 있다. 설명해야 할 원리의 성립 과정을 마치 호기심으로 똘똘 뭉친 명탐정이 사건을 해결해나가는 만화처럼 한 컷 한 컷 그리며 정리하다 보면 어느새 원리를 저절로 깨칠 수 있다.

과학 노트는 글자보다
그림, 기호, 화살표, 도표, 벤다이어그램

노트 정리 철학
한 번 쓸 때 한 큐에 끝내자.
하나도 빠짐없이 알고 넘어가자!

노트 정리를 한 까닭은 …

어매하게 아는 것과 정확하게 아는 것은 전혀 다르다고 생각해요.
저는 정확하게 알기 위해서 노트 정리를 시작했어요.

노트 정리를 하면 내용을 확실히 알게 된다는 점이
가장 큰 장점인 것 같아요. 또한 시험 전날 마음이 싱숭생숭할 때도
정리해놓은 노트를 보면 공부할 내용을 빨리 훑어볼 수 있고
또 자신감을 가질 수 있어서 마음을 다스리는 데도
도움이 되기 때문에 노트 정리를 했어요.

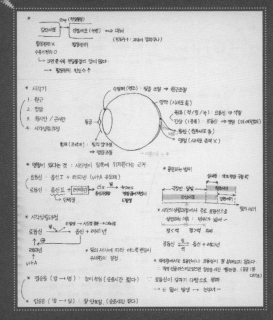

과학 과목 노트를 정리하는 나만의 방법은 …

우선 수업 시간에 들은 내용, 틀린 문제, 참신한 내용들을
다 적어놓았어요. 그리고 수업 끝나면 그날그날 정리를 했었죠.
수업 시간에는 바로바로 정리를 하는 편이었고, 필요한 경우에는
다시 깔끔하게 정리하기도 했어요. 그런데 그냥 옮겨 적는 정리는
하지 않았고, 머릿속으로 이해해야 할 내용들만 다시 정리했어요.
저는 정리할 때, 문장으로 쓰며 정리하는 것은 시간이 많이
걸리기도 하고 뭔가 그대로 옮겨 적는 것 같은 느낌이 들어서 되도록 기호나 그림으로 바꿔 표현하곤 했어요.
화살표, 표, 벤다이어그램 같은 걸 많이 활용했죠. 글로 쓰느라 시간을 보내느니, 그림으로 표현해서 다시 한 번 머릿속에 각
인시키자고 생각했어요. 그리고 나중에 문제를 풀다가 틀린 부분, 헷갈리는 부분이 있으면 정리한 노트로 돌아가서 그 부분에
한마디 더 추가하는 식으로 계속 보완했어요.

노트 정리를 시작하는 후배들에게 한마디 …

노트는 다른 사람에게 보여주기 위해 하는 것이 아니라 내가 공부하기 위해 보는 것이니까 형식에 크게 신경 쓰지 말고 내
식대로 감정 이입도 하고, 외우려면 옆에 막 쓰기도 하면서 날 위해서 정리해야 한다고 생각해요.
오답 노트도 형식을 꼭 지킬 필요는 없고요. 해설지를 전부 다 옮겨서 적을 필요도 없어요.
제가 모르는 부분만 적으면 되는 것이죠. 자신에게 가장 필요한 것을 하겠다는 마음가짐이 가장 중요해요.

서울대 합격생의 기타 과목 노트 정리

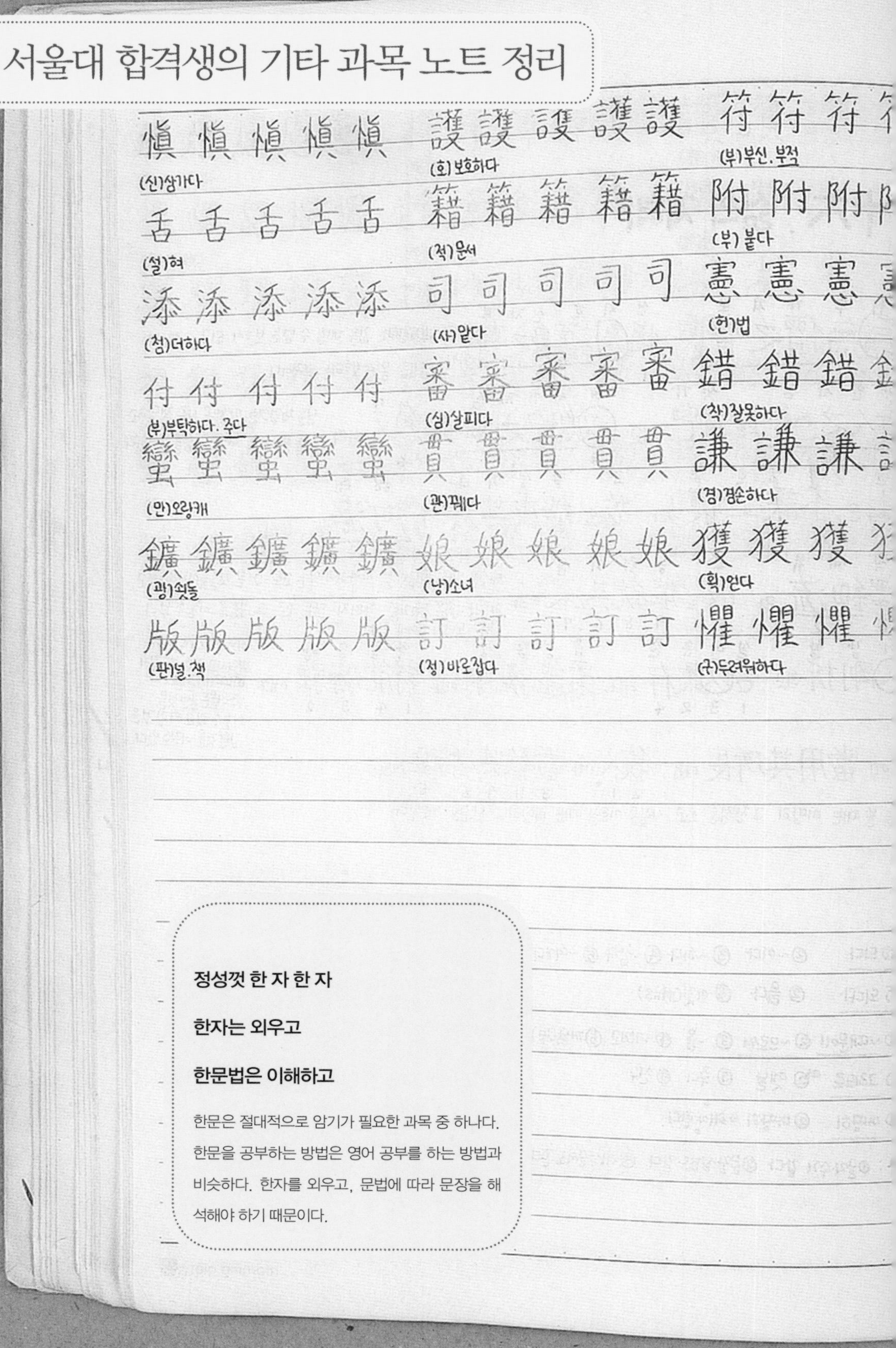

愼 愼 愼 愼 愼
(신)삼가다

護 護 護 護 護
(호)보호하다

符 符 符 符
(부)부신. 부절

舌 舌 舌 舌 舌
(설)혀

籍 籍 籍 籍 籍
(적)문서

附 附 附 附
(부)붙다

添 添 添 添 添
(첨)더하다

司 司 司 司 司
(사)맡다

憲 憲 憲 憲
(헌)법

付 付 付 付 付
(부)부탁하다. 주다

審 審 審 審 審
(심)살피다

錯 錯 錯 錯
(착)잘못하다

蠻 蠻 蠻 蠻 蠻
(만)오랑캐

貫 貫 貫 貫 貫
(관)꿰다

謙 謙 謙 謙
(겸)겸손하다

鑛 鑛 鑛 鑛 鑛
(광)쇳돌

娘 娘 娘 娘 娘
(낭)소녀

獲 獲 獲 獲
(획)얻다

版 版 版 版 版
(판)널. 책

訂 訂 訂 訂 訂
(정)바로잡다

懼 懼 懼 懼
(구)두려워하다

정성껏 한 자 한 자

한자는 외우고

한문법은 이해하고

한문은 절대적으로 암기가 필요한 과목 중 하나다. 한문을 공부하는 방법은 영어 공부를 하는 방법과 비슷하다. 한자를 외우고, 문법에 따라 문장을 해석해야 하기 때문이다.

二十七. 학문과 사색

→ 배우는 사람이 근심할 바는 다만 뜻을 세움에 정성을 다하지 않는데있다.
　재주가 혹 부족한 것은 근심할 바가 아니다.

玉不琢 이면 不成器 하고 人不學 이면 不知道
옥 불 탁　　　불 성 기　　　인 불 학　　　부 지 도
1　3　2　　　6　5　4　　　1　3　2　　　6　5　4

옥은 다듬지 않으면 그릇을 만들수없고
나라 사람은 배우지 않으면 도를 알수없다.

學者所患은 惟在立志不誠 이나 才或不足은 非所患也 라
학 자 소 환　　유 재 입 지 불 성　　재 혹 부 족　　비 소 환 야
1　3　2　　4　6　　5　　　1　2　3　　6　5　4　7

恥 不知而不問 이면 終於不知而已 요, 以爲不知而必求之 면
치 부 지 이 불 문　　종 어 부 지 이 이　　이 위 부 지 이 필 구 지
2　1　3　5　4　　3　2　1　4　　1　2　4　5　6

終能知之矣 라라
종 능 지 지 의　역접
1　4　3　2　5

모르는 것을 부끄러워 하면서도 묻지 않으면 ~라고생각하다.
모르는데에서 그칠 따름이다. 모른다고 생각해서 반드시 그것을 구한다면 마침내 그것을 알수있다.

不能舍己從人은 學者之大病 이라. 天下之義理無窮 이어늘
불 능 사 기 종 인　　학 자 지 대 병　　천 하 지 의 리 무 궁
6　5　4　3　2　1　　3　4　5　6　　1　2　3　5　4

豈可是己而非人 아리오?
기 가 시 기 이 비 인
1　3　2

나를 버리고 남을 따를 수 없는것은 학자의 큰 병이다.
천하의 의리가 끝이 없으니 어찌 재를 옳다하고 남을 그르다 할수 있겠는가?

＊요점정리.

① 惟(= □佳, 維) ① 오직 ② 다만(한정부사)

② 終 ① 마침내 ② 마치다

③ 而已(= 耳, 已, 爾, 而已矣) : ~일 따름이다 (한정종결사)

④ 是 ① 옳다 ② 이것 ③ ~이다

⑤ 非 ① 아니다 ② 그르다 ③ 비난하다

6. 以爲 : ~라고 생각하다

cf) 琢 / 啄
　　(탁)쪼다　(탁)쪼다
　　(조각을)　(새가)
　쪼아서 다듬음 모이를 쪼아 먹음

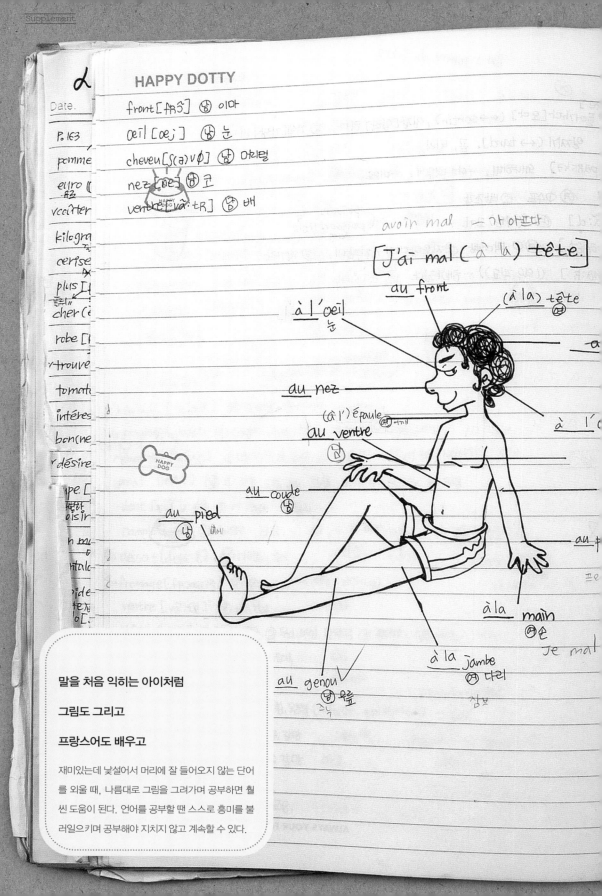

HAPPY DOTTY

front [fRɔ̃] (남) 이마

œil [œj] (남) 눈

cheveu [ʃ(ə)vø] (남) 머리털

nez [ne] (남) 코

ventre [vɑ̃:tR] (남) 배

avoir mal ㅡ 가 아프다

[J'ai mal (à la) tête.]

au front

(à la) tête (여)

à l'œil
눈

au nez

(à l') épaule (여) 어깨

au ventre (남)

au coude (남)

au pied (남)

à la main (여) 손

Je mal

à la jambe (여) 다리

au genou (남) 무릎

말을 처음 익히는 아이처럼

그림도 그리고

프랑스어도 배우고

재미있는데 낯설어서 머리에 잘 들어오지 않는 단어
를 외울 때, 나름대로 그림을 그려가며 공부하면 훨
씬 도움이 된다. 언어를 공부할 땐 스스로 흥미를 불
러일으키며 공부해야 지치지 않고 계속할 수 있다.

HAPPY DOG

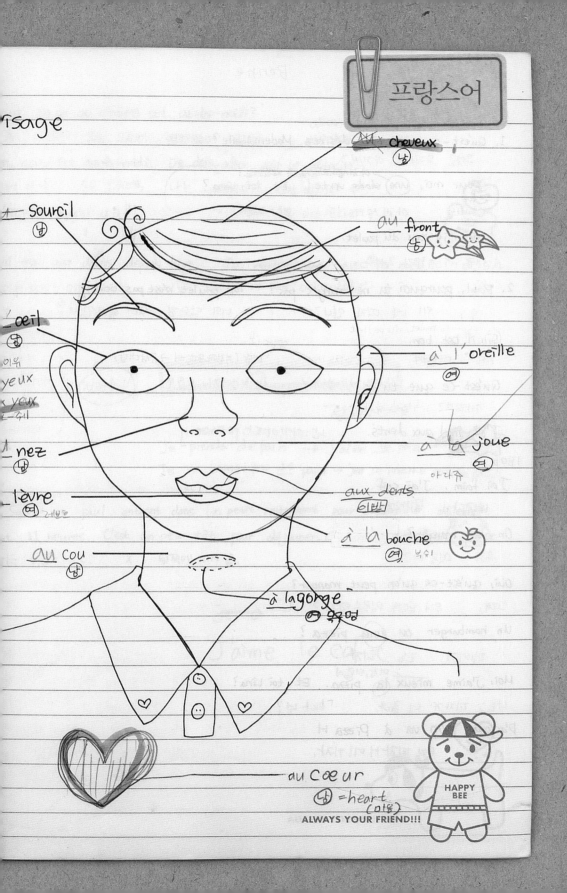

프랑스어

visage

cheveux
남

sourcil
남

au front
남

_oeil
남
이유
yeux
x yeux
-레

à l'oreille
여

_nez
남

à la joue
여
아라쥬

_lèvre
여 레브흐

aux dents
이빤

à la bouche
여 부쉬

au cou
남

à la gorge
여 옥오명

au cœur
남 =heart
(018)

ALWAYS YOUR FRIEND!!!

HAPPY BEE

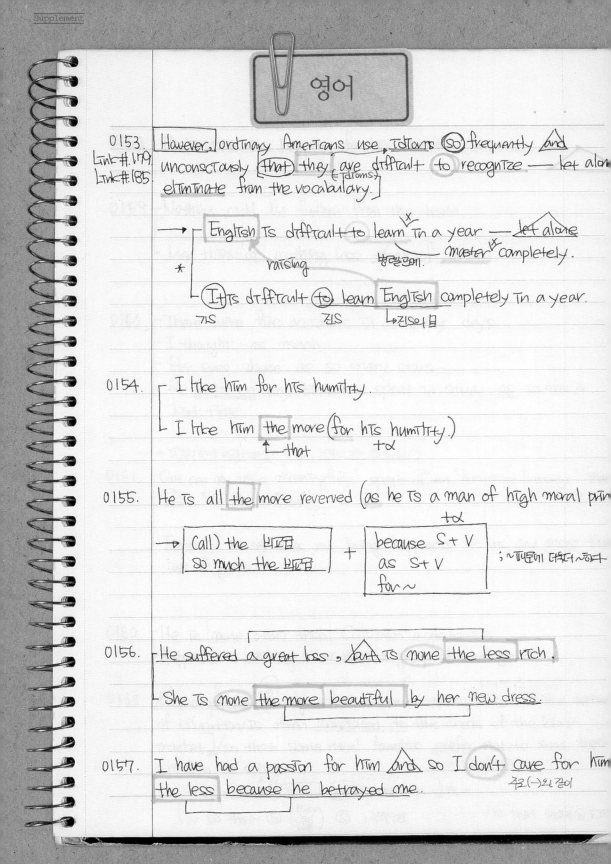

영어

0153.
Link #.179
Link #.185

[However, ordinary Americans use, idioms ⓢⓞ frequently ⟨and⟩ unconsciously (that) they are difficult to recognize — let alon
(∈ idioms) eliminate from the vocabulary.]

→ English is difficult to learn in a year — let alone
raising 　　　　　　　　　master completely.
　　　　　　　　　　　부정문뒤에.
*
└ (It) is difficult (to) learn English completely in a year.
　가S 　　　　　　　진S 　　ㄴ부사어目

0154.
┌ I like him for his humility.
│
└ I like him the more (for his humility.)
　　　　　　 ↑ that 　　　 +α

0155. He is all the more revered (as he is a man of high moral prin
　　　　　　　　　　　　　 +α
→ ┌ (all) the 비교 │ + ┌ because S + V
　 └ so much the 비교 ┘ 　│ as S + V 　; ~때문에 더더욱~하다
　　　　　　　　　　　　　 └ for ~

0156.
┌ He suffered a great loss , ⟨but⟩ is ⓝⓞⓝⓔ the less rich.
│
└ She is ⓝⓞⓝⓔ the more beautiful by her new dress.

0157. I have had a passion for him ⟨and⟩ so I don't care for him
the less because he betrayed me.
　　　　　　　　　　　　　　　　　 조금(一)으로것이

0167. While (It) is good (to) take care of others (and) other important things (going on in your life), (It) is mandatory (that) you (never) forget about yourself.

→ (While S V ...), S V ...

매력적인 오답   요지문

단어 (특히 목적어) 가
뜻, 형태, 태, 유형을 결정한다.

mandate V. 명령하다 → mandatory a. 명령적인, 의무적인, 강제적인
→ 필자의 명령

시제간의 상호관계 파악!!

0168. One said [she was a nurse (and) I go to the emergency room.]
       (should) go - 非 시점

→ One said [she had been a nurse.]

0169. Courage is truth (put) into action.)
       타동 + 전치사-

→ ① put - put - put
  ② 타동사 ⇄ (수동태 / 전치사) 자동사

→ 타동사 ┤ 수동 ; 목적어 X , 전치사 O
         └ 능동 ; 목적어 O , 전치사 X

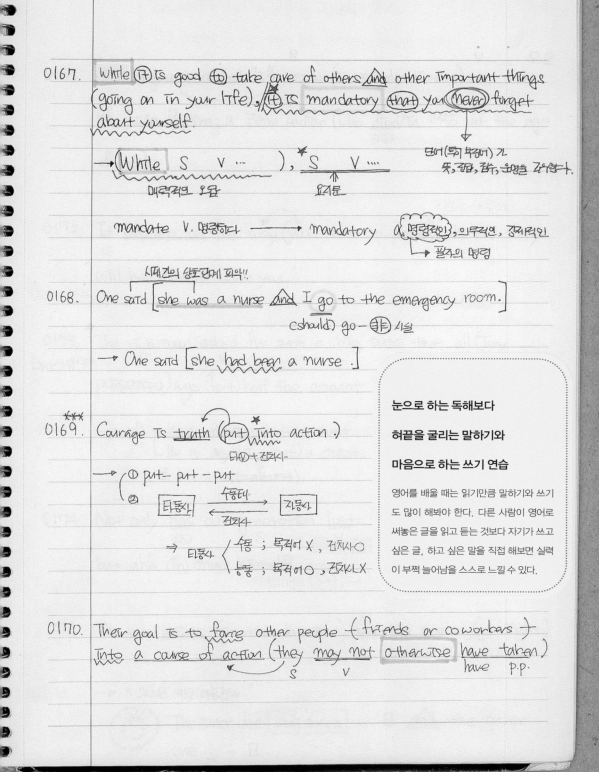

눈으로 하는 독해보다
허끝을 굴리는 말하기와
마음으로 하는 쓰기 연습

영어를 배울 때는 읽기만큼 말하기와 쓰기도 많이 해봐야 한다. 다른 사람이 영어로 써놓은 글을 읽고 듣는 것보다 자기가 쓰고 싶은 글, 하고 싶은 말을 직접 해보면 실력이 부쩍 늘어남을 스스로 느낄 수 있다.

0170. Their goal is to force other people { friends or coworkers } into a course of action (they may not otherwise have taken)
                                                              S   V   have p.p.

No.

DATE

대학 노트 엿보기,

서울대 합격생의 노트 정리는 계속된다

짜자잔~ 서울대학교 입학!
노트 정리로 마침내 서울대생이 된 선배들은
과연 노트 정리를 멈췄을까? 계속했을까?
대학에만 입학하면 불행 끝, 행복 시작일 것 같지만
대학생이 되어서도 공부에는 끝이 없다는 것.
그리하여 서울대 합격생들은 꿈에도 그린 서울대생이 되어서도
노트 정리를 멈추지 못했다는데….
물론, 노트 정리를 멈춘 서울대 합격생들도 있으니
벌써부터 앞일이 캄캄하다며 한숨 쉬지 말고…. ^^
노트 정리를 계속한 서울대 합격생들은
하면 할수록 더 나은 정리법을 계속해서 발견하고
진화시킬 수 있다고 한목소리를 내는데
지금도 계속 진화 중인 서울대 합격생들의 노트 정리, 한번 살펴볼까?

교육영문법의 이해

1. 교육 문법론과 영어교육

- 20C 후반. 사회언어학의 연구성과 + 인류학적 조사 연구결과

  → 기능 (function) 과 사용 (use) 강조.

  언어능력 : (언어 구조 지식) ──→ '언어 사용 능력'

  <의사소통 언어교수법>

  · '의미있는 맥락에서의 언어사용' 을 강조.

  : Krashen 의 '습득가설' - 외국어 능력은 자연스러운 맥락에서의

                           언어 입력 (input) 과 사용을 통해 얻어짐.

  · 문법적 능력은 담화능력 or 전략적 능력을 연마함으로써 자동적으로 획득

- 언어 형식에 대한 새로운 인식

: 학습자의 언어의 유창성 + 정확성. ⇒ 형식 초점 (Focus on Form) or 의식 고취

← 의사소통 언어교수법이 지니는 본질적 한계를 언어 구조 및 형식에 대한 적극적 고려를 통해 극복하려는 노력

  (언어의 기능과 사용 뿐 아니라 언어 구조로서의 언어 형식에 대해 적극적이고도 체계적인 배려를 해야 함)

* 의사소통 언어교수법의 전제 ─ ① 현실 상황에서의 자연스러운 언어 사용

                         ② 실제 언어 활동으로서의 의사 소통 행위 수행

                         ③ 풍부하고 다양하며 현장감 있는 언어 입력 제공

                         ④ 학습자 상호간 및 학습자·교사 간의 상호 작용을 통한 학습 활동 수행

- 교육 문법론의 역할과 기능

: 교육문법 (Educational Grammar) or 교육 문법론 - 문법 교육에 대해 보다 긍정적인 입장에 서서 문법

                                        교육의 의의 및 체계적 특성을 살핀다.

외국어 교육의 이론과 실제에 '언어의 구조적 요인'을 적극적으로

고려함으로써 보다 성공적이고도 효율적인 외국어 교육을 꾀할 수 있다.   외국어의

① 문법교육은 선행 조직자 (advanced organizer) 로서의 문법의 기능을 통해 학습자가 구조에 보다

  체계적으로 주목하도록 돕는다.

② 학습자의 불완전한 외국어 능력을 개선, 외국어 능력의 결함이 최소화되도록 돕는다.

③ 외국어의 구조를 창조적으로 응용.

: 외국어 학습 속도 촉진, 학습자들을 보다 높은 학습 단계로 이끎, 언어의 정확성에 도움.

: 중요한 제약인 '교수 가능성 가설' - 어떤 언어 구조 습득를 위해서는 그 구조를 습득하기에 충분한 언어능력을

                         지녀야 한다. ⇒ 학습 내용의 '구조화와 단계화'를 요구.

                         (학습자의 발달 단계에 알맞게)

↱ (라) ᴎM⊃ᴎ이면 끝 M이다.

Date.　　No.

〔일상언어와의 차이 = 조건문 - 단순 함축의 역설〕

○ 다음 문장은 무조건 (p, q 자리에 어떤 명제를 넣어도) 참이 된다.

1) p ⊃ (q ⊃ p)　　　　　　2) ∿p ⊃ (p ⊃ q)

1. p ⊃ (q ⊃ p) : 어떤 명제가 참이라면 그 명제는 다른 어떤 명제로부터라도 함축이 된다.

p	q	p	⊃	q		P	q	P	⊃	(q⊃p)
T	T		F			T	T	T	T	T
T	F		F			T	F	T	T	T
F	T		F			F	T	F	T	F
F	F		T			F	F	F	T	T

2. ∿p ⊃ (p ⊃ q) : 어떤 명제가 거짓이라면, 그 명제는 어떤 명제이든 함축한

p	q	∿p	⊃	(p⊃q)
T	T	F	T	T
T	F	F	T	F
F	T	T	T	T
F	F	T	T	T

○ 논리학에서 모순은 "나는 남자이자 남자가 아니다." 같은 것

○ 논리학적으로 따라나온다는 것 vs 함축한다

　• 논리적으로 따라나온다는 것은 필연적으로 두 문장이 따라나온다는 것

　• 단순히 함축한다는 것은 가능성이나 필연성의 개념이 아님

　　　　　　단지 A가 참이고 B가 거짓인 경우는 없다.

〔진리함수〕

○ 명제논리체계는 '진리함수적 (truth-functional)'이다.

　• 복합 명제의 진리값은 전적으로 단순 명제의 진리값에 따라 정해진다.

　－ 함수를 아무리 복잡하게 만들어도 요소 명제들의 참/거짓에 따라 복합명제의 진리값이 자동으로 정해지게 된다.

○ 진리함수적이 아닌 복합명제 - 필연성, 가능성과 관련된 명제들

　　　ex) 일상언어에서의 "나는 n을 믿는다."

　• It is possible that I missed the breakfast
　　= 아침을 먹지 않았지만 전체 명제는 참일 수 있어

　• It is necessary that n

　• 다치논리, 무한치 논리, 결정되지 않은 논리, fuzzy logic, relevance logic → 일상언어를 위함.

《 진리표 작성하기 》

[명제와 진리표]

○ 복합명제의 종류

　1) 우연적 명제 : 요소 명제의 진리치에 따라 참일 수도 있고 거짓일 수도 있는 명제

　　　ex) $A \equiv (A \cdot B)$

　2) 동어반복적 명제 (항진명제) : 어떤 진리치를 부여해도 결과적으로 명제의 값이 참일 수 밖에 없는 것

　　　ex) $\cap A \supset (A \supset B)$

　3) 자기 모순 명제 : 어떤 진리치를 부여해도 결과적으로 명제의 값이 거짓

　　　ex) $A \cdot \cap A$, $(A \supset B) \cdot (A \cdot \cap B)$

○ (동일한 단순명제로 이루어진) 두 복합명제의 비고

　1) 논리적인 동치 관계　　　ex) $(A \supset B) = (\cap B \supset \cap A)$

　2) 모순 관계 : 두 명제의 진리치 중 겹치는 것이 하나도 없어 (F의 경우에도)

　　　ex) $'A \supset B'$ 와　$'A \cdot \cap B'$

　3) 일관성이 있는 관계

　　　ex) $'A \supset B'$ 와　$'A \cdot B'$: 둘 다 참인 경우가 하나는 있어

　4) 일관성이 없는 관계 : 모순이면 일관성이 없지만, 일관성이 없다고 해서 모순인 것은 아니다.

　　　ex) $'A \equiv B'$ 와　$'A \cdot \cap B'$

　　　: 둘 다 참인 경우가 하나도 없어 (둘 다 거짓이 되는 경우는 有)

　　　- [일관성이 있다] → 두 명제 모두 참이 되도록 A와 B에 진리치 부여 가능

[논증과 진리표]

○ 형식 논리 체계의 강점 : 논증의 타당성을 검증할 방법이 있다.

○ 직접진리표 사용하기

　· $A \supset B$, $B \supset C$　∴ $A \supset C$　⇒ 타당한 논증

　· $A \supset B$, A　∴ B 이다.

A	B	$A \supset B$	A	/	B
T	T	T	T		T
T	F	F	T		F
F	T	T	F		T
F	F	T	F		F

　- 타당한 논증 : 전제들의 참이 결론의 참을 보장
　　전제가 거짓일 때는 생각 X

ex. 「아케아텐의 조각」 → 사별적, 아름다움

ex. 조각가 Bak의 조각

↳ 돌의 따뜻함, 부드러움, 편안함 ⇒ 자신의 죽음을 편안하게 유지되길 소망

Ⅱ. 고대 그리스 운명의 미술

1. 고대 그리스 미술의 의의와 시기 변화

- 운명 자체의 자력적인 문화의 힘이라기 보다는, 지리적 요건이 유리했다.

  ⇒가까이에 Egypt, Mesophotamia 운명 有

- 이후 서양 운명에 큰 영향을 미침,

  과거의 문화가 그 자체의 미적 가치뿐 아니라 후대 사람들의 정치적·사회적 도구로써 변형 재창조됨

  ex. 15c Renaissance : 비종교 세력의 주도

  18~19c 시민계급이 귀족계급에 대항할 때 ─

  Classicism (고전주의) : 고대 그리스·로마 운명을 재조명하려는 움직임

부르디아인들의 유입
- B.C.1000 ~ B.C.750   Geometric Era   (기하학기)

  B.C.750 ~ B.C.500   Archaic Era

  B.C 500 ~ B.C.330   Classical Era ✗   (고전기)
                                    운명해? ^^
  B.C 330 ~ 0   Hellenism Era

2. Geometric Era

ex)

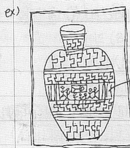

〈디필론의 항아리〉

- 기하학기 에는 조각보다 토기가 많이 출토됨

- 직선과 같은 기하학적 문양가 주를 이룸

- 항아리에 남아있는 초기 인체묘사 ⇒ 아주 연약하고 기하학적

  → 죽은이를 애도하는 의식 표현 (⇒ 출토재·아테네 귀의 공동묘지)

  ⇒ 첫이미지가 생성된 것이 장례·죽음과 관련됨 ─

3. Archaic Era

ex.  「오디세이아」의 박진감 넘치는 장면 묘사 - 뭔가 얘기있는 거!
술잔으로 쓰였을것, 당시 항면에서,
인체표현이 초기보다 complex

〈엘레우시스의 암포라〉 B.C.750 ~ B.C.700

ex. 〈Kouros 상〉 B.C.700 ~ B.C.600

- 열심히 표현하려고 노력했으나 실패했음 (눈, 복부 윤곽 표현, 몸통과 다리 연결 awkward)
- 신상이라고 추측했으나 너무 많이 발견되어 신의재물 또는 숭배자의 이미지를 표현한거라 여겨짐
- 앞 다리 한쪽을 내밀고 딱딱한 자세를 한점을 보아
   ⇒ 이집트 인의 영향 + ② → 시간이 지나면서 쿠로스상이 발전함

ex. 100년 후쯤 → 인체의 굴곡, 해부학적 특징을 능숙하게 표현

4. Classical Era

100 여년간 회기적인 발달(격면), 각 도시국가들이 경쟁조으로 제작

ex.  - mostly made by 청동
속이 비어서 가볍고 단단, 다체롭고 역동적인 자세를 만들기 좋음
  ex. 공방의 모습을 그린 토기 조각 : 청동조각 제작 과정
        (각각 신체 부위를 만들어 연결)
- 대리석 작품 ⇒ 로마시대의 모작들
     · 그리스작품 collect, 만하는 manual도 有
     · 가늠의 세움 (무게중심을 맞히기위해)

〈제우스 신상 (아르테미시온의 조각상)〉

ex.  긴장의 절정 → 정적인 모습이지만 앞·뒤동작이 응축되있음 (정中동)
- 조각의 대상 : 올림픽 경기 우승자
~당시 올림픽 경가는 더높이 / 더빨리 등의 수량개념이 아닌 예술영감 성도 -
인형적인 육체의 우동을 평가 + 내면의 덕성
   ⇒ 외적인 美 + 내적인 선 ⇒ 美 (칼로스 + 카가토스)
        자기자신을 저렴게 되네   kalokagathia

〈원반 던지는 사람 (Discobolus)〉
   by Mylon

○ In a free, unregulated market system, market forces establish equilibrium prices and exchange quantities.

○ While equilibrium conditions may be efficient, it may be true that not everyone is satisfied.

○ One of the roles of economists is to use their theories to assist in the development of policies.

< Controls on price >

○ Are usually enacted when policymakers believe the marke price is unfair to buyers or sellers.

○ Result in government created price ceilings and floors.

상한가 ┌ Price ceiling - A legal maximum on the price at which a good canbeso
하한가 └ Price floor - A legal minimum on the price at which a good can be so

(f) Quota: Quantity control

[How Price Ceilings Affect Market Outcomes]

○ Two outcomes are possible when the government imposes a price ceiling:

 • The price ceiling is not binding if set above the equilibrium pri

 • The price ceiling is binding if set below the equilibrium price, leading to a shortage

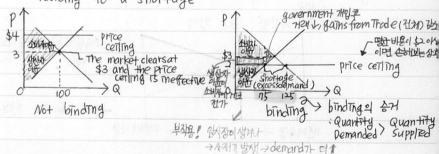

government 개입ʲ↑
거래↓, gains from Trade (전체) 감↓
┌ 딸라 비용이 ₽20↓
└ 이면 손해보는 상황

price ceiling

shortage (excess demand)

binding → binding의 승거
 : Quantity   Quantity
   Demanded > Supplied

price ceiling
The market clears at $3 and the price ceiling is ineffective

Not binding

부작용! 암시장이 생겨나
→ 시장가 발생 → demand가 더↑

○ Effects of price ceilings

○ A binding price ceiling creates

 • Shortages because $Q_d > Q_s$

  - Example: Gasoline shortage of the 1970s

 • Nonprice Rationing

  - Example: Long lines, discrimination by sellers.

시간면에서 사회적 비용↑

[Case Study: Lines at the Gas Pump]

○ In 1973, OPEC raised the price of crude oil in world markets. Crude oil is the major input in gasoline, so the higher oil prices reduced the supply of gasoline.

○ What was responsible for the long gas lines?

➔ Economists blame government regulations that limited the price oil companies could charge for gasoline.

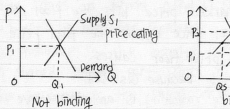

Not binding

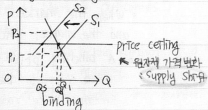

원자재 가격반란 : Supply shift

binding

[Case Study: Rent Control in the Short Run and Long Run]

○ Rent controls are ceilings placed on the rents that landlords may charge their tenants.

○ The goal of rent control policy is to help the poor by making housing more affordable.

○ One economist called rent control "the best way to destroy a city, other than bombing."

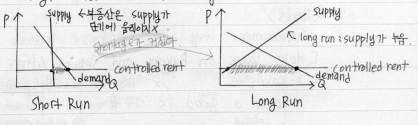

supply ← 부동산은 supply가 단기에 움직이지X

shortage가 커진다.

controlled rent

Short Run

long run : supply가 늘음.

Long Run

[How Price Floors Affect Market Outcomes]

○ When the government imposes a price floor, two outcomes are possible.

• The price floor is not binding if set below the equilibrium price.

• The price floor is binding if set above the equilibrium price, leading to a surplus

[이 책이 나올 수 있도록 노트를 제공해주시고 아이디어에 도움을 주신 서울대 합격생들입니다.
여기에 실린 모든 사진은 고등학교 시절 노트 정리를 했던 서울대 합격생들로부터 허락받은 것입니다.
노트 자료 사용을 흔쾌히 허락해주신 서울대 합격생들께 감사드립니다.]

| 노트와 아이디어를 제공해주신 서울대 합격생들 |

ㄱ

강종헌 _서울대학교 재료공학부 05학번

강주혜 _서울대학교 경제학부 07학번

강효선 _서울대학교 지리교육과 03학번

고영민 _서울대학교 재료공학부 10학번

고유강 _서울대학교 법학과 05학번

고효정 _서울대학교 정치학과 09학번

곽 란 _서울대학교 산업공학과 04학번

구자영 _서울대학교 화학부 06학번

구혜령 _서울대학교 농업생명과학대학 09학번

김나희 _서울대학교 소비자아동학부 04학번

김선우 _서울대학교 화학부 06학번

김성현 _서울대학교 법학과 07학번

김성휘 _서울대학교 재료공학부 06학번

김소진 _서울대학교 디자인학부 09학번

김수인 _서울대학교 재료공학부 06학번

김연각 _서울대학교 법학과 07학번

김연승 _서울대학교 재료공학부 06학번

김영조 _서울대학교 심리학과 07학번

김용석 _서울대학교 경제학부 10학번

김유경 _서울대학교 재료공학부 09학번

김재연 _서울대학교 법학과 05학번

김지훈 _서울대학교 경제학부 05학번

김진환 _서울대학교 경제학부 05학번

김진희 _서울대학교 서양사학과 07학번

김규태 _서울대학교 재료공학부 10학번

김현우 _서울대학교 재료공학부 06학번

김현진 _서울대학교 정치학과 07학번

ㅁ

민선아 _서울대학교 디자인학부 08학번

ㅂ

박세웅 _서울대학교 경제학부 05학번

박승민 _서울대학교 재료공학부 06학번

박재섭 _서울대학교 사회과학계열 10학번

박정태 _서울대학교 의학과 09학번

박정환 _서울대학교 재료공학부 05학번

박준규 _서울대학교 재료공학부 04학번

박준영 _서울대학교 재료공학부 06학번

박지훈 _서울대학교 법학과 08학번

박찬미 _서울대학교 경제학부 10학번

박현우 _서울대학교 재료공학부 10학번

박희우 _서울대학교 재료공학부 07학번

백유진 _서울대학교 화학부 07학번

ㅅ

서영욱 _서울대학교 재료공학부 06학번

서준민 _서울대학교 재료공학부 09학번

손운배 _서울대학교 재료공학부 09학번

송재광 _서울대학교 재료공학부 09학번

송진아 _서울대학교 정치외교학부 10학번

신경식 _서울대학교 재료공학부 05학번

신기성 _서울대학교 재료공학부 05학번

신준호 _서울대학교 경제학부 07학번

심재훈 _서울대학교 재료공학부 07학번

ㅇ

안홍남 _서울대학교 경제학부 06학번

양우석 _서울대학교 법학과 08학번

양원열 _서울대학교 지리학과 10학번

양 현 _서울대학교 재료공학부 05학번

엄태연 _서울대학교 경제학부 06학번

오광호 _서울대학교 의학과 10학번

오동원 _서울대학교 심리학과 04학번

우성제 _서울대학교 법학과 08학번

우지훈 _서울대학교 경영학과 05학번

유상현 _서울대학교 의학과 08학번

유시환 _서울대학교 경제학부 10학번

이규빈 _서울대학교 건축학과 06학번

이동식 _서울대학교 사회과학계열 10학번

이루다 _서울대학교 경제학부 10학번

서울대 합격생 100인의 노트 정리법

초판 1쇄 발행 2011년 4월 17일
개정판 5쇄 발행 2024년 1월 15일

지은이 양현, 김영조, 최우정
펴낸이 김선식

부사장 김은영
콘텐츠사업본부장 박현미
콘텐츠사업7팀장 김단비 **콘텐츠사업7팀** 권예경, 이한결, 남슬기
마케팅본부장 권장규 **마케팅1팀** 최혜령, 오서영, 문서희 **채널1팀** 박태준
미디어홍보본부장 정명찬 **브랜드관리팀** 안지혜, 오수미, 김은지, 이소영
뉴미디어팀 김민정, 이지은, 홍수경, 서가을, 문윤정, 이예주
크리에이티브팀 임유나, 박지수, 변승주, 김화정, 장세진, 박장미, 박주현
지식교양팀 이수인, 염아라, 석찬미, 김혜원, 백지은
편집관리팀 조세현, 백설희, 김호주 **저작권팀** 한승빈, 이슬, 윤제희
재무관리팀 하미선, 윤이경, 김재경, 이보람, 임혜정
인사총무팀 강미숙, 지석배, 김혜진, 황종원
제작관리팀 이소현, 김소영, 김진경, 최완규, 이지우, 박예찬
물류관리팀 김형기, 김선민, 주정훈, 김선진, 한유현, 전태연, 양문현, 이민운
외부스태프 편집구성 김익선 본문디자인 도토리

펴낸곳 다산북스 **출판등록** 2005년 12월 23일 제313-2005-00277호
주소 경기도 파주시 회동길 490 다산북스 파주사옥
전화 02-704-1724 **팩스** 02-703-2219 **이메일** dasanbooks@dasanbooks.com
홈페이지 www.dasanbooks.com **블로그** blog.naver.com/dasan_books
용지 신승INC **인쇄** 상지사 **코팅 및 후가공** 제이오엘앤피 **제본** 상지사
ISBN 978-89-6370-528-6 (43370)

다산북스(DASANBOOKS)는 독자 여러분의 책에 관한 아이디어와 원고 투고를 기쁜 마음으로 기다리고 있습니다.
책 출간을 원하는 아이디어가 있으신 분은 다산북스 홈페이지 '투고원고'란으로 간단한 개요와 취지, 연락처 등을 보내주세요.
머뭇거리지 말고 문을 두드리세요.